Wandlung durch Meditation

ECON Lebenshorizonte

JANE HAMILTON-MERRITT

WANDLUNG DURCH MEDITATION

EINE FRAU AUS DEM WESTEN IN THAILANDS KLÖSTERN

ETB
ECON Taschenbuch Verlag

CIP-Titelaufnahme der Deutschen Bibliothek

Hamilton-Merritt, Jane:
Wandlung durch Meditation : eine Frau aus dem Westen in Thailands Klöstern / Jane Hamilton-Merritt. – Düsseldorf:
ECON-Taschenbuch-Verl., 1990
(ETB; 23049: ECON-Lebenshorizonte)
Einheitssacht.: A meditator's diary <dt.>
ISBN 3-612-23049-2
NE: GT

Lizenzausgabe

Umschlaggestaltung: Ludwig Kaiser
Titelfoto: ZEFA, Düsseldorf
Druck und Bindearbeiten: Ebner Ulm
Printed in Germany
ISBN 3-612-23049-2

In Dankbarkeit widme ich dieses Buch
Josie Stanton
für seine Gefälligkeiten und seine
wertvollen Erkenntnisse über den Buddhismus
und Harrison E. Salisbury
für seine Unterstützung
bei der Veröffentlichung dieses Werkes.

Mein besonderer Dank gilt

Khunying Arun Kitiyakara und Khun Thawin Pongsamart für ihre engagierte Unterstützung bei meiner Suche nach einem Verständnis für die dortige Lebensweise, den buddhistischen Gemeinden von Wat Bovornives, Wat Sraket und Wat Muang Mang, besonders den geduldig und freundlich lehrenden Mönchen, auch meinen Freunden Elizabeth Sewell, William Bradley, Konrad Bekker und Sarah Bekker für ihre Beiträge zu der Realisierung dieses Buches und schließlich «Buzz» für seine inspirierende und liebenswürdige Unterstützung meiner intellektuellen Bestrebungen.

INHALT

VORWORT

von Harrison E. Salisbury

Im Westen breitet sich neuerdings ein ständig wachsendes Gefühl der Entfremdung aus, das darauf beruht, daß die Philosophie, Psychologie und Religion des Westens nicht mehr mit den komplizierten Problemen fertig werden kann, die das nachindustrielle Zeitalter der Menschheit gebracht hat.

Angesichts des weitreichenden Versagens der Wissenschaft, menschliche Bedürfnisse zu erfüllen, höhlte sich allmählich die Überzeugung früherer Zeiten aus, daß westliche Logik und westliche Denkweise überlegen genug sei, um allen Herausforderungen, denen sich die Menschheit gegenübersieht, gerecht zu werden.

Der eiserne Positivismus eines Cromwell, die erhabene Überlegenheit der römischen Kirche des achtzehnten und des Protestantismus des neunzehnten Jahrhunderts sind vergangen, und wiederum hat der Mensch gegen die immer weiter werdende Kluft anzukämpfen, die sich auftut zwischen seiner Vorstellung der Wirklichkeit und den Mitteln, die er anwenden kann, um diese Wirklichkeit und seinen Platz in ihr zu verstehen.

Es kann nicht mehr bezweifelt werden, daß diesem weitverbreiteten Gefühl der Unzulänglichkeit westlicher Vorstellungen ein explosionsartig wachsendes Interesse an der Religion und Philosophie des Ostens gegenübersteht.

Diese Explosion hatte sich allerdings schon seit langem angekündigt. Schon vor dem Ersten Weltkrieg waren Weisheit und Kultur des Ostens weitgehend erforscht, was besonders für Indien gilt. Im Hinblick auf China bestand ein wissenschaftliches (doch kaum ein allgemeines) Interesse am Konfuzianismus. Japan war praktisch noch unberührt,

ebenso Südostasien. Die Geheimnisse Tibets und der Mongolei hatten jedoch schon lange das Interesse der Wißbegierigen und Esoteriker auf sich gezogen.
Man muß dabei einräumen, daß das allgemeine Interesse am Buddhismus, besonders an seinem zentralen Begriff der Meditation, ganz neuen Ursprungs ist. Es ist fast gänzlich eine Erscheinung, die sich erst nach dem Zweiten Weltkrieg herausgebildet hat. Dies gilt besonders für Amerikaner, bei denen sich beispielsweise das Interesse für den Zen-Buddhismus erst in den sechziger Jahren im Zusammenhang mit der plötzlichen Erscheinung der Hippie-Bewegung zeigte.
Das einmal angeregte Interesse an der Meditation scheint sich mit bemerkenswerter Geschwindigkeit in allen Ländern des Westens ausgebreitet zu haben. Hierfür gibt es zweifellos viele Gründe. Der wichtigste Grund scheint mir jedoch die immer weiter werdende Kluft zwischen dem Menschen und seiner technologischen Umwelt zu sein. Der typische Repräsentant der Technologie ist sehr gebildet, stark motiviert, antireligiös oder areligiös im formalen Sinne, intellektuell, urban und sehr häufig ein Anhänger Freuds oder Jungs. Aber dieser Bewohner der technologischen Welt ist häufig nicht in der Lage, alles «in Einklang zu bringen». Das Leben scheint keine Bedeutung zu besitzen. Das Dasein scheint keine Ausgeglichenheit oder Befriedigung zu schaffen. Das Dasein als solches erscheint als übermäßige Bedrückung. Wer bin ich (Identitätskrise)? Wohin gehen wir (Sorge um die Überlebensfähigkeit der Zivilisation)? Warum (Sinn des Daseins)? All dies sind Fragen, die sich immer wieder stellen, sei es in New York, London, Paris, Moskau, Rom oder Los Angeles. Aber es gibt keine Antworten.
Dieses Gefühl der Spaltung und Wurzellosigkeit hat dar-

um viele, die nach einer Antwort suchten, auf den Weg nach Osten gewiesen. Gurus werden zu einer Erscheinung der Popszene. Der Zen-Buddhismus gelangt bis zum Broadway und Piccadilly. Dick Cavett bringt die Transzendentale Meditation ins Fernsehen, und bald werden die Anfangsbuchstaben TM ebenso vertraut wie die Abkürzung ABC.

Bei dem entfachten Rummel bemerkt niemand, daß hinter all diesem Gerede kaum ein Wesensinhalt steckt. Wer begreift wirklich die Meditation, wie sie im buddhistischen Osten gelehrt wird?

Dies ist vielleicht die zentrale Frage, und Jane Hamilton-Merritt leistet hierzu einen bedeutsamen Dienst – sie kennt sich aus. Sie kennt sich aus, weil sie Ausdauer (und man braucht Ausdauer), Phantasie (die so wenige haben) und einfühlsames Verständnis (den Schlüssel zu allem) besitzt, um lernen zu können. Und dieses Lernen erfolgt nicht nur aus dem Studium buddhistischer Texte und der Lehren der Meister, sondern es beruht auf dem *persönlichen Erlebnis.* Als Frau aus dem Westen ist sie allein in ein Lehrkloster im nördlichen Thailand gegangen, hat dort zu Füßen eines wirklichen Meisters gesessen und ein einsames, hartes und gefahrvolles Klosterleben in einer Zelle geführt. Sie ist zurückgekehrt und beschreibt ihre Erlebnisse so feinsinnig, präzise und engagiert, daß wir die Seiten ihres Buches verschlingen und schließlich, wie Jane Hamilton-Merritt selbst, etwas vom Wesensgehalt der Meditation erfassen.

Wir erfahren, daß die Meditation nicht leicht zugänglich ist. Man sollte sich nicht leichtfertig mit ihr befassen. Sie ist vermutlich nicht etwas für jedermann, obwohl jedermann aus ihr Nutzen ziehen könnte. Man braucht Geduld und Standhaftigkeit. Es ist nicht so, daß man einfach die Halb-Lotosstellung einnimmt, den Blick auf eine weit entfernte

Stelle richtet und zu meditieren beginnt. Es ist schwierig, und es muß erlernt und geübt werden.

Doch die Erfolge sind groß. Sie lassen sich nicht leicht beschreiben, doch sie sind offenkundig und spürbar. Der Meditierende kann Verständnis, tiefe Erkenntnis und Entspannung erzielen, ein neues Selbstbewußtsein und eine Enthüllung von Tiefen in der Seele und in der Welt, wie sie sich nicht vorstellen lassen.

Die Meditation steht im Mittelpunkt des Buddhismus. Mehr als jeder andere menschliche Prozeß bringt sie dem Leben Inhaltsreichtum. Sie ist vielleicht nicht der einzige Weg, auf dem die Menschheit und ihre technologische Umwelt zu einer Aussöhnung gelangen können, doch ihr wohnen Möglichkeiten inne, die keine andere Methode besitzt. Die Meditation könnte die einzige Geisteshaltung sein, die die nachindustrielle Welt bewohnbar machen wird. Warum dies so sein kann, erweist sich aus dem Erlebnisbericht, den Jane Hamilton-Merritt uns allen vermittelt.

EINFÜHRUNG

Der Weg von den Kornfeldern von Indiana, wo ich aufwuchs, bis zu den buddhistischen Tempeln von Südostasien war lang, beschwerlich, frustrierend und häufig schmerzvoll. Dieser Weg, der sich um die halbe Welt erstreckte, führte mich nach Japan, wo ich die Oberschule besuchte, nach Kambodscha, Burma, Thailand und Laos, wo ich inmitten dieser Völker lebte, nach den Deltagebieten von Südvietnam, zur entmilitarisierten Zone am 17. Breitengrad als Kriegsberichterstatterin und Fotografin, zu entlegenen Gebirgsdörfern im Opiumanbaugebiet, über die ich berichtete, und schließlich zu buddhistischen Tempeln, wo ich Mitglied der religiösen Gemeinde wurde und Erfahrungen über den Theravada-Buddhismus und die Meditation sammelte.

Die Inspiration für diese lange Reise, die sich über ein Jahrzehnt erstreckte, empfing ich als zehnjähriges Kind, als ich Pearl Bucks Bücher über China kennenlernte. Ich wußte, daß auch ich eines Tages in diese Länder reisen würde, um mit den Völkern und Kulturen vertraut zu werden. Als ich aufwuchs, war es Amerikanern nicht gestattet, nach China zu reisen, doch die Widerstände der Politik änderten nichts an meinem Wunsch, mehr über die Völker Asiens und ihre Kulturen zu erfahren. Doch ich ahnte damals nicht, daß ich eines Tages vor einem buddhistischen Mönch in einem kleinen Tempel im Norden Thailands sitzen und mich abmühen würde, die buddhistische Meditation zu erlernen.

Während ich immer mehr Kenntnisse über die südostasiatischen Kulturen, besonders über Burma, Kambodscha, Laos und Thailand, sammelte, erkannte ich allmählich,

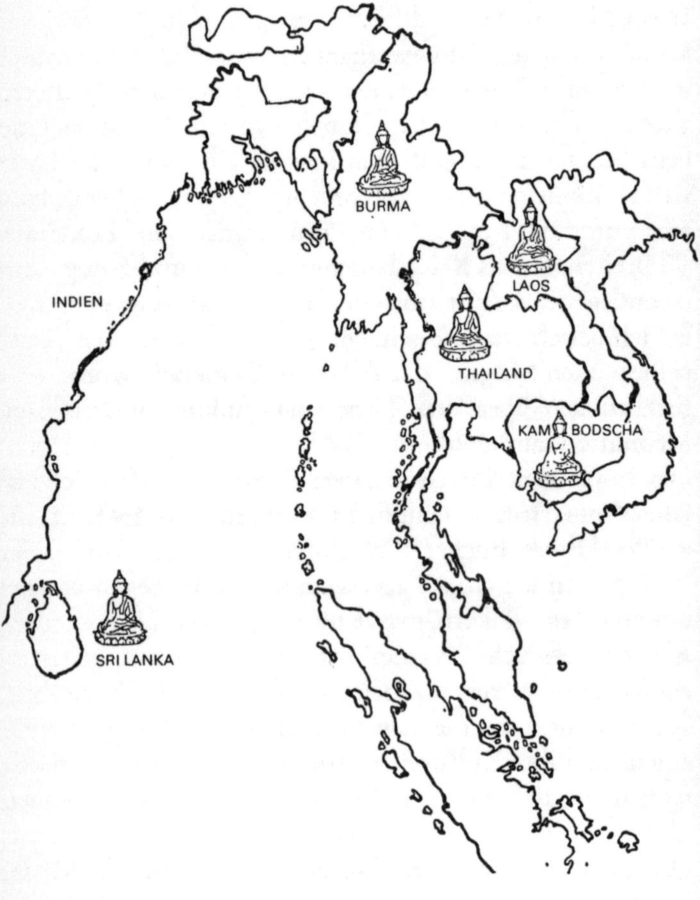

BURMA
LAOS
INDIEN
THAILAND
KAM BODSCHA
SRI LANKA

daß die Rolle, die der Buddhismus im Leben und in den Seelen dieser Völker spielte, von entscheidender Bedeutung war, wollte man das Wesen der Menschen verstehen. Ich interessierte mich immer mehr für diese südostasiatische Form des Buddhismus, den Theravada-Buddhismus, und versuchte, mich in diese Gedanken zu vertiefen. Doch hier ergaben sich Schwierigkeiten. Ich konnte zwar zu den «Wats» genannten Tempeln gehen, was ich auch häufig tat. Ich konnte mit meinen asiatischen Freunden den Zeremonien beiwohnen und mit den frommen Menschen sprechen, doch ich wurde nie ein Mitglied der Gemeinde. Ich drang nie zu dem Eigentlichen vor und blieb die «Farang», die Fremde.

In Thailand beträgt die Gesamtzahl der Tempel fast vierundzwanzigtausend; sie sind sonnendurchglüht und erscheinen in gelben, weißen und Safrantönungen mit blauen und grünen Mosaik-Glassteinen. Manche Wats sind große Bauwerke, die durch Steuergelder erhalten werden; die meisten sind jedoch einfache Anlagen. Doch auch die bescheidenen Tempel zeigen einen eleganten Entwurf. Die Tempel, die durch eine Bevölkerung von vierzig Millionen erhalten werden, sind Ausdruck der Ergebenheit eines Volkes an seine Religion. Der Dorftempel ist der traditionelle Mittelpunkt der Thai-Gemeinde; er ist zugleich Gasthof für Reisende, eine Stätte des Lernens, ein Haus für Festlichkeiten, ein Spielplatz für Kinder, eine Zufluchtsstätte zur seelischen Tröstung, aber auch ein Refugium für jene, die Mönche werden.

Im Gegensatz zur katholischen Priesterschaft wird der Buddhist nicht ein Mönch, um es sein Leben lang zu bleiben. Man kann das Klosterleben fast nach Gutdünken beginnen oder beenden, ausgenommen Fälle, in denen der Betroffene ein Verbrechen begangen hat, Schulden gemacht hat oder seinen Status als Mönch mißbraucht, um einer unerwünschten sozialen Situation zu entgehen. Wegen des leichten Wechsels zum Klosterleben läßt sich die genaue Zahl der Mönche oder «Bhikku» in den Wats von Thailand nur schwer ermitteln. Man schätzt, daß jährlich etwa hundertfünfzigtausend volljährige Männer Mönche werden, während neunzigtausend junge Männer unter zwanzig Jahren Novizen sind und weitere hundertzwanzigtausend Jungen als «Dek Wat» (Kinder des Wat), als Helfer, in den Tempeln wohnen.

Die meisten Thai-Männer haben die Absicht, in ihren jungen Jahren einmal Mönch zu werden. Um Mönch werden zu können, muß man mindestens einundzwanzig Jahre alt sein. Manche Männer bleiben nur einige Tage im Wat, andere halten sich dort drei Monate lang auf, solange «Khaow Pansa», die Regenzeit, andauert. Einige bleiben auf Jahre im Kloster, doch nur wenige ihr Leben lang. Es wird kein Druck ausgeübt, zu bleiben oder zu gehen; jeder hat selbst darüber zu entscheiden. Nicht alle Thai-Männer werden in ihren Zwanzigerjahren Mönche; manche gehen erst dann ins Kloster, wenn ihre Kinder aufgewachsen sind und sie weniger Verantwortung tragen. Ich beobachtete einmal die Ordination eines Mannes in Bangkok, dessen Enkel ihm im Verlauf der Zeremonie die Almosenschüssel und die Safrangewänder übergab. Die beste Art, sich Verdienste zu erwerben, besteht darin, daß man ein Mönch wird, die Lehren Buddhas studiert und ein asketisches, wenn auch nicht hartes Leben führt. Das Erwerben von Verdiensten verhilft dazu, die geistige Fähigkeit zu erlangen, die es dem Buddhisten ermöglicht, das Endziel des «Nirvana», des Aufhörens der Wiedergeburt, zu verfolgen. Da Frauen nicht Mönche werden können, besteht eine der wichtigsten Möglichkeiten, sich Verdienste zu erwerben, darin, daß sie ihre Söhne in die Gemeinschaft der Mönche, die «Sangha», eintreten lassen.

Es scheint mir wichtig, einige Ausführungen zu machen über das Volk der Thais, ihre Herkunft und ihre Geschichte. Genaueres über die thailändische Geschichte ist nicht bekannt. Fast in jedem Jahr hört man von neuen Forschungsergebnissen aus diesem Gebiet. Erst vor kurzem förderten Archäologen in Nordostthailand Keramik zutage, die sie nach einem der Fundorte Ban Chiang nannten und die nach Auffassung mancher Experten auf die Zeit um 4500 v. Chr. zurückgehen soll – also fast 7000 Jahre alt ist! Die Forscher wissen noch nicht, auf welche alten Völkerschaften diese Gefäße zurückgehen könnten. Doch die rötlichen Spiralmuster regen uns an, über ihren Ursprung zu spekulieren. Inzwischen graben die Archäologen weiter, und die Historiker bemühen sich weiterhin, die Geschichte Thailands zu erforschen.
In diesem Zusammenhang gilt als sicher, daß einige T'ai-Völker, darunter die Shan, Lao und Thai, ursprünglich ein Gebiet in Ostchina südlich des Yangtse-Flusses bewohnten. Später zogen sie in die großen Gebirgslandschaften der heutigen chinesischen Provinz Yünnan. Im dreizehnten Jahrhundert, als Kublai Khan Südchina eroberte, zogen dann Volksgruppen der Thai die Flußtäler entlang nach Süden. Im Verlauf der Jahrhunderte setzten die T'ai-Völkerschaften ihre allgemeine Wanderung nach Süden fort, um der Einengung durch die Ausbreitung der chinesischen Bevölkerung zu entgehen. Noch heute ziehen manche kleinen Volksgruppen, die man als Bergstämme bezeichnet, auf den gleichen Wanderrouten, die einst die Thais benutzten, um nach Land und einem besseren Leben zu suchen.

Diese Thai-Flüchtlinge brachten aus ihrer Bergheimat ihren Ahnenkult und ihre Verehrung der Naturkräfte mit. Dazu gehörte, daß Naturelemente, wie Bäume, Felsen, Flüsse und Berge, sich in Geistern versinnbildlichten, die versöhnt und verehrt werden mußten. In ihren neuen Heimatgebieten in den Flußtälern von Mekong und Chao Phraya trafen die Thais auf die vom Hindukult inspirierten Götter und Dämonen der Khmer-Zivilisation, deren Einfluß weit über die Hauptstadt Angkor hinausreichte. Sie trafen auch auf den Theravada-Buddhismus über die Mon-Völker, die ursprünglichen Bewohner des Gebiets, die von den Khmer verdrängt wurden. Die Mon-Völker, deren alte Hauptstädte ursprünglich in Südburma und Thailand lagen, haben in diesen Ländern ihre Sprache und Kultur nur in kleinen Gebieten erhalten. Sowohl die Kulturen der Khmer als auch der Mon wurden durch indische kulturelle Einflüsse geformt, besonders durch den Hinduismus und den Buddhismus.

Obwohl die Ursprünge eines Teils der thailändischen Bevölkerung auf China zurückgehen, betrachten sich die Thais nicht als Abkömmlinge Chinas. Denn Volksgruppen der Thais waren vor den Chinesen aus ihrer alten Heimat geflohen. Weitaus mehr als von der chinesischen wurden die Thais von der indischen Kultur beeinflußt. Die Thai-Sprache ist eine tonale, einsilbige Sprache, die mit Pali- und Sanskrit-Worten durchsetzt ist. Mit fünf Tonhöhen, einem Alphabet aus 44 Konsonanten und 24 Vokalen und einer Schrift, die an Pali und Sanskrit erinnert, kann die Thai-Sprache für Studenten aus dem Westen tatsächlich Probleme aufwerfen.

In westlichen Kreisen bestehen Unklarheiten über die Unterschiede zwischen den buddhistischen Richtungen Theravada und Mahayana. Die Theravadisten sind Anhänger einer Richtung, die sie als orthodoxe Schule bezeichnen, die sich den ursprünglichen Lehren Buddhas mehr annähert. Diese Gruppe betont die Rolle des einzelnen bei der Suche nach Selbstbefreiung oder nach dem «Nirvana», wobei der Buddha als Lehrer, nicht als Gott gilt. Im Gegensatz zur Theravada-Schule folgen die Mahayanisten einer mehr liberalen Interpretation. Diese Gruppe führte die Vergöttlichung des Buddha ein sowie die Vorstellung der Bodhisattvas, erleuchteter Wesen, die es vorzogen, bei den Menschen zu bleiben, um sie auf den zur Erlösung führenden Weg zu weisen, wodurch die Vorstellung, das Nirvana könne nur durch individuelle Anstrengungen erzielt werden, an Bedeutung verlor. Im Westen wird der Theravada-Buddhismus oftmals als Hinayana oder das «Kleine Fahrzeug» bezeichnet. Buddhisten, die der Richtung Theravada – was «Weg der Vorfahren» bedeutet – anhängen, betrachten Hinayana als eine herabsetzende Bezeichnung, da das Wort von den liberalen Mahayanisten stammt. Der Mahayana-Buddhismus breitete sich besonders in den Ländern Tibet, China, Japan, Korea, Sikkim und Vietnam aus, wo er viele Anhänger fand.

Indem sie mehr orthodoxe Methoden übernahmen, entschieden sich die Theravada-Buddhisten auch dafür, die traditionellen Pali-Schriftformen zu verwenden, im Gegensatz zu jenen, die in Sanskrit geschrieben werden; so finden wir, daß die Theravadisten die Ausdrücke «Nibbana», «Dhamma», und «Kamma» verwenden, die Pali-Formen sind. Pali war die Sprache, die Buddha gesprochen hatte. Die Mahayanisten verwenden die Schreibweisen «Nirvana», «Dharma» und «Karma», die Sanskrit-Formen der Wörter. In den folgenden Kapiteln werde ich die Pali-Formen verwenden, da diese auch von den Theravada-Buddhisten übernommen wurden.

Es scheint, daß die Thais es nicht als erforderlich ansahen, bei der Übernahme des Theravada-Buddhismus ihren alten Naturglauben zu verleugnen. Anstatt den überkommenen Glauben abzulegen, fügten sie den vielen sowohl gutartigen als auch bösartigen himmlischen Wesen einfach die neuen buddhistischen Vorstellungen hinzu. Manche dieser Wesen werden als Geister oder «Phii» bezeichnet, die besänftigt werden müssen, und die Thais richten sich danach. Jedes Eigenheim, jeder Wohnblock und sogar jedes Hotel hat ein Geisterhaus, das als Wohnung des Chao Tii angesehen wird, eines Geistes von besonderem Status. Chao Tii ist der Schutzgeist des Hauses oder Hotels. Auf der kleinen Plattform, die das Geisterhaus umgibt, werden Chao Tii Opfergaben von Nahrungsmitteln, Räucherwerk, Blumen und Kerzen dargebracht.
Das tägliche Leben der Thais wird in Bangkok durch die Technik des zwanzigsten Jahrhunderts geprägt, was sich an der Fülle der vorhandenen Kinos, Autos, Radios und Fernseher sowie an der westlichen Kleidung zeigt. Für die Mehrheit des Volkes änderte dieser äußerliche westliche Anstrich jedoch nichts an den überkommenen Traditionen und Glaubenshaltungen.
Die Vorstellung von der Göttlichkeit der Könige breitete sich in jener Zeit aus, als Kambodscha über das heutige Thailand und Laos die Vorherrschaft ausübte. Dieser Gedanke war ursprünglich brahmanisch; er wandelte sich jedoch im Verlauf der Jahre zur thai-buddhistischen Vorstellung, daß ein Herrscher wegen seines Karma zur Herrschaft geboren sei. Insofern glaubte man, ein König verdiene es wegen seiner früheren verdienstvollen Lebensläufe, Herrscher zu sein. Dies führte dazu, daß der König nicht nur als unfehlbar, sondern auch als besonders entwickeltes geheiligtes Wesen galt, das von allen verehrt wurde, die

noch mit gutem oder schlechtem Karma rangen und die hofften, daß ihr gutes Karma sie in einem kommenden Leben zu einem Wesen von höherem Ansehen aufwerten werde.

Vor drei Jahren kam ich zu dem Entschluß, mich ernsthaft mit dem Buddhismus zu befassen, um später darüber schreiben zu können. Ich wollte über den Theravada-Buddhismus schreiben, wie er in Südostasien praktiziert wurde; doch ich wußte, daß ich in Wirklichkeit kein tiefinnerliches Verständnis für den Buddhismus besaß. Philosophische Abhandlungen, zumeist von Autoren aus dem westlichen Kulturkreis verfaßt, schienen die Begriffe nur noch mehr zu verwirren. Nach meinen eigenen Beobachtungen schien es Dimensionen in der eigentlichen Ausübung des Buddhismus zu geben, die beträchtlich von den Theorien abwichen, wie sie westliche Menschen zum Ausdruck brachten. Als ich diese Suche nach einem Verständnis des Theravada-Buddhismus fortsetzte, erkannte ich schließlich die Meditation als allumfassende Dimension. Die Zusammenhänge hatte ich jedoch nie genau erfassen können. Ich hatte Freunde, die sich in den Vereinigten Staaten mit Transzendentaler Meditation befaßten, und mir wurde bewußt, daß die Meditation der Theravada-Buddhisten viel tiefer ging – als profundes Erleuchtungserlebnis. Sie schien in der Tat ein Erlebnis ihrer Kultur darzustellen.

Ich entschloß mich, den Versuch zu machen, einer religiösen Gemeinschaft beizutreten. Bald mußte ich jedoch feststellen, daß es außerordentlich schwierig sein würde, ein buddhistisches Kloster zu finden, das bereit war, mich – eine ausländische Frau – als Mitbewohnerin aufzunehmen. Ein Jahr lang blieben meine Bemühungen erfolglos. Meine Anfragen und Bitten, in einem Wat leben zu dürfen, wurden höflich beantwortet, aber immer abschlägig beschieden. Gewöhnlich sagte mir der leitende Mönch, daß ich den Wat jederzeit besuchen könne, doch auf die Frage, ob ich dort auch wohnen dürfe, wurde zumeist erwidert, daß es dort keine Wohnmöglichkeiten für Frauen gebe. Ich gab daraufhin vorübergehend meine Suche auf und kehrte in mein Haus in Connecticut zurück.

Schließlich hörte ich von einem Wat in Bangkok, wo Tagesstudenten in Meditation unterrichtet würden, was auch für Ausländer gelten sollte. Der Gedanke, dort einer religiösen Gemeinschaft, wenn auch nur in sehr beschränktem Umfang, beitreten zu können, begeisterte mich, und ich beschloß, nach Thailand zu reisen, um als Studentin aufgenommen zu werden.

Als ich mich auf diese Reise in eine andere Welt vorbereitete, erkannte ich, daß meine Unkenntnis über den Buddhismus riesengroß war. Vorteilhaft für mich waren lediglich, wie es mir schien, meine Kenntnisse der Landessitten, die hinlängliche Beherrschung der Thai-Sprache und meine Vertrautheit mit den Menschen. Auf der anderen Seite wußte ich nichts über die Lebensbedingungen in einem Wat und über die Ausübung der Meditation. Ich hatte bis dahin nur wenige Menschen kennengelernt, die sich mit der Theravada-Meditation befaßt hatten und gewillt waren, darüber zu sprechen. Manche hatten gute Erfahrungen damit gemacht, andere jedoch nicht.

Keiner dieser Bekannten hatte mir je berichtet, was bei der Meditation tatsächlich vor sich geht. Sie hatten nur in allgemeinen Zusammenhängen darüber gesprochen und erwähnt, daß die Meditation ein friedvolles Erlebnis sein kann oder daß man durch dieses Erlebnis lernen kann, gelassen zu sein oder ein besseres Verständnis des eigenen Ich zu gewinnen. All dies hörte sich gut an, und ich wollte na-

türlich auch gern etwas davon erfahren – doch wie kam es eigentlich zustande?
Leider – oder vielleicht glücklicherweise – war mir nie eine schriftliche Beschreibung der Erlebnisse eines Betroffenen in die Hände gekommen. Ich hatte Berichte über die Zen-Meditation gelesen, doch ich fand keine Erlebnisbeschreibungen über die klassische buddhistische Theravada-Meditation. Erst vor kurzem entdeckte ich, daß es tatsächlich solche Bücher gibt, die von buddhistischen Vereinigungen in Südostasien veröffentlicht wurden. Sie hätten mir bei der Vorbereitung meiner Meditationsreise nützlich sein können. So ging ich in die neue Erlebniswelt wie ein unbeschriebenes Blatt, ohne Vorkenntnisse, doch mit dem dringenden Wunsch, Kenntnisse zu erwerben. Rückschauend meine ich, daß dies in vieler Hinsicht ein Vorteil war, denn ich war nicht durch Vorurteile behindert und brauchte keine Ziele zu verfolgen, die auf den Erfahrungen anderer beruhten.
Ich glaube, daß der Mangel an bedeutungsvollen Erlebnisbüchern über die Meditation darauf beruht, daß sich die Welt der Meditation der Beschreibung mit Worten nahezu entzieht, da sie in die Welten des Jenseits hineinführt – in Welten ohne Zeit, Raum oder Form. Und wie soll man mit Worten eine Welt beschreiben, für die unsere Sprache keine Worte hat? Ich habe feststellen müssen, daß der Versuch, die Welt der Meditation genau zu beschreiben, zu meiner schwierigsten schriftstellerischen Aufgabe geworden ist.
Als ich mich zu Hause auf die Abreise vorbereitete, versuchte ich, mich darauf einzustellen, was mich in Thailand erwartete, und mein Mann, den ich zwei Jahre zuvor in Bangkok geheiratet hatte, half mir dabei. Doch beide wußten wir nichts Genaues über die Art der Erlebnisse, die

mir bevorstanden. Mein Mann nahm zwar nicht an der Reise teil, doch seine Begeisterung und sein Interesse an meinem Vorhaben gaben mir Zuversicht, daß mein Abenteuer ein lohnendes Unternehmen sein würde. Wir ahnten beide nicht, welches außergewöhnliche Erlebnis mir bevorstand.

Ich möchte hervorheben, daß sich dieses Buch mit den Glaubensformen und Praktiken des Theravada-Buddhismus befaßt. Diese Form des Buddhismus ist nicht der japanische Zen und auch nicht eine Abart des Buddhismus, wie er in China und Tibet bekannt ist. Dieses Buch beschäftigt sich auch nicht mit orientalischen Praktiken wie Yoga oder mit der Transzendentalen Meditation. Der Theravada-Buddhismus ist zwar etwas Eigenständiges, doch es gibt bei allen Formen des Buddhismus manche Gemeinsamkeiten, und eine dieser gemeinsamen Erscheinungen ist die Meditation, die die Grundsätze dieser Philosophie erlebnismäßig bestärkt. Es hat den Anschein, daß jede Form des Buddhismus die jeweilige Kultur des Landes widerspiegelt, in dem er praktiziert wird. Dies geschieht in einer Weise, daß Geschichte, Glaubensrichtung und die örtlichen Gebräuche frei zusammenspielen, so daß eine Religionsform entsteht, die im wesentlichen eine Art der Lebensauffassung ist. Offenbar ist es so, daß bei den meisten buddhistischen Sekten die Meditation das Wesen der buddhistischen Erleuchtung darstellt.

Durch eigene Erfahrungen bin ich zu der Auffassung gelangt, daß die beiden Formen der Meditation, die ich in Thailand kennenlernte, nämlich «Samadhi», das Stadium der Gelassenheit in der Meditation, und «Vipassana», das Stadium der Innenschau, beim Einzelmenschen zu einer feiner abgestimmten Entwicklung des Bewußtseins führen können. Es hat den Anschein, daß diese Lehrformen das

Bewußtsein so entwickeln können, daß es konzentrierter und abgeklärter wird und infolgedessen besser in der Lage ist, eine Welt zu verstehen, die häufig verwirrend, ungerecht und schmerzvoll erscheint und die sich in ständigem Fluß befindet.

Die Menschen – zumindest manche Menschen – haben immer den Wunsch gehabt, ihr Bewußtsein zu erweitern, das Unbekannte zu erforschen. Das Ergebnis ist manchmal eine phantasievolle dichterische Ausschweifung, manchmal auch ein Ausflug der Forschung in die Räume des Jenseits. In den Ländern des Westens hat man neuerdings mit bewußtseinserweiternden Drogen experimentiert, wobei man in manchen Fällen umwälzende Erkenntnisse über die Behandlung von Geisteskrankheiten sowie über angeborene Veranlagungen des Menschen gewann. Gleichzeitig gibt es die Erscheinung des zügellosen Mißbrauchs von Drogen und der tragischen Unglücksfälle. Die Meditation ist eine bewußtseinserweiternde Methode, aber keine Droge. In der Meditation kann man sich über die bekannten Grenzen hinweg ausweiten und es dem Bewußtsein mit seinen offenbar endlosen Dimensionen ermöglichen, zu erforschen, zu entdecken und über die überlieferten menschlichen Realitäten hinwegzuschweifen, ohne dabei den möglicherweise verheerenden Nachwirkungen ausgesetzt zu sein, die Drogen hervorrufen können.

In der Theravada-Meditation wird das Bewußtsein entwickelt, nicht um auf einen «Trip» zu gehen, nicht um Wunder zu bewirken, um die Zukunft vorherzusehen oder um Lotterienummern vorherzusagen, die später gewinnen (die drei letztgenannten Betätigungen sind übrigens nach dem Verhaltenskodex des Theravada-Buddhismus verboten). Das erwünschte Ziel der Meditation ist, allgemein gesprochen, dem Menschen eine Gelegenheit zu geben, die Wahrheit zu sehen – daß das Leben zugleich Leiden ist, daß alle Dinge vergänglich sind und daß das Ich nicht persönlich, nicht permanent und nicht statisch ist; daß infolgedessen der Einzelmensch nicht als permanentes und identifizierbares Wesen existiert. Wenn nach Auffassung der Theravada-Buddhisten der Mensch zur Erkenntnis dieser Wahrheiten gelangen kann, dann wird er wegen seines Verständnisses für diese Wahrheiten in der Lage sein, sich so zu verhalten, daß die Leiden geringer werden.

In meinen Anfangstagen der Meditation saß ich im kühlen Schatten des Klosterhofes von Wat Bovornives und dachte über Buddha und die Geschichte des Buddhismus nach. Er war ein indischer Prinz – sein Name war Siddartha Gautama –, der als Erleuchteter den Beinamen Buddha empfing – der Erweckte oder Erleuchtete. Der später Buddha genannte Mann wurde im sechsten Jahrhundert v. Chr. im heutigen Nepal geboren und starb im hohen Alter von vermutlich achtzig Jahren. Etwa fünfundvierzig Jahre nach seiner Erleuchtung verbrachte er als Wandermönch und lehrte Weisheit, die er durch seine Erleuchtung gewonnen hatte. Seinen allgemeinen Erkenntnisschatz bezeichnete er als den «Mittleren Weg». Als junger Mann suchte er nach Lösungen für das Unbehagen und die Lasten, die allen Menschen auferlegt sind, und er lebte, wie man sagt, bis kurz vor seinem Tode in strenger Askese. Er zog den Schluß, daß die Kasteiung des Körpers zu keiner Erkenntnis führe und daß Extreme jeder Art nur das Unglück herbeiführten – infolgedessen nannte er seinen Pfad den Mittleren Weg.

Es wird berichtet, daß er bald nach seiner Erleuchtung, die unter einem Bo-Baum in Buddha Gaya in Indien stattfand, seine neu gefundenen Erkenntnisse öffentlich erläuterte. Diese Erkenntnisse beruhten auf vier Vorstellungen, die als die «Vier edlen Wahrheiten» bekannt wurden: erstens, daß es Leiden gibt, zweitens, daß es eine Ursache für dieses Leiden gibt, drittens, daß das Leiden aufhören kann, und viertens, daß es einen Weg gibt, der zur Beendigung des Leidens führt.

An den ersten Tagen meines Meditationsstudiums war ich ziemlich verwirrt und fragte mich, wie diese «Vier Wahrheiten» zu verstehen waren, besonders im Hinblick auf den Weg, auf den die letzte Wahrheit weisen sollte.

Während ich nur darüber spekulieren konnte, ob ich die Lehren Buddhas je verstehen würde, hatte die Geschichte längst ihre Entscheidung getroffen. Man weiß, daß der Buddhismus zunächst in Indien und Nepal zur Blüte kam. Er verlor dort später an Beliebtheit, doch er breitete sich im Laufe der Jahre über viele Gebiete der damals bekannten Welt aus – nach Burma, Kambodscha, Laos, Sri Lanka, Thailand, Vietnam, Tibet, Sikkim, China, Korea, Japan, Afghanistan, Sibirien und sogar nach Osteuropa.

Bei all meiner inneren Verwirrung hatte ich eine hoffnungsvolle Erkenntnis: Buddha forderte von seinen Anhängern keinen blinden Glauben an seine Lehren. Stattdessen lehrte er, jeder einzelne müsse diese Worte selbst ergründen, um persönlich zur Erkenntnis der Wahrheit gelangen zu können. Diese Freizügigkeit, das «Dhamma», die Lehren Buddhas zu erforschen, wird von den Theravada-Buddhisten noch immer wahrgenommen, und dies gab mir Mut, mein Ringen um die Erkenntnis fortzusetzen. Wie unterschiedlich ist doch diese buddhistische Vorstellung von jenen Religionen, die verkünden, daß allein der Glaube die Erkenntnis bringen werde!

Die nachfolgenden Gedankengänge und Meditationsepisoden sind eine Zusammenfassung und Wiedergabe von

großen und kleinen, aber immer bedeutungsvollen Erlebnissen, die ich als Novize hatte.
Wenn der Eindruck entsteht, daß Mängel an Form und zusammenhängender Erzählung vorhanden sind, so liegt dies daran, daß sich die Erlebnisse häufig nicht anhand von überkommenen Vergleichsmaßstäben messen lassen und jenseits der Vorstellungen von Zeit und Raum liegen, wie sie unseren westlichen Begriffen entsprechen.
Dieses Buch handelt auch von den Erfahrungen, die eine Frau in einer buddhistischen Umgebung machen mußte. Es handelt von den Ängsten, Freuden, Zweifeln, Schmerzen und Erregungen, die ihre erste intensive Meditationsepisode begleiteten, aber auch von der Auswirkung dieser Gedankenwelt auf ihr Leben in ihrer heimatlichen Umgebung. Gleichermaßen bin ich überzeugt, daß diese Meditationserlebnisse und die daraus folgenden Erkenntnisse nicht einmalig sind und sich nicht nur auf einen Einzelmenschen beziehen, sondern für alle – seien es nun Asiaten oder nicht – gelten, die eine intensive Meditation ausgeübt haben.
Meine Reise in den Buddhismus und die Meditation begann im Wat Bovornives, einem königlichen Wat in Bangkok, Thailand. Über diese Reise in eine jenseitige Welt will ich schreiben.

Die thailändischen Ausdrücke sind im Glossar, Seite 183–186, nochmals erklärt.

KAPITEL 1

«Die Meditation ist das Wesen des buddhistischen Weges...»
Winston King in: One Thousand Lives

Sehr eingeschüchtert näherte ich mich dem «Guti» des Abtes. Während ich meine Sandalen an der Tür seines kleinen Hauses abstreifte, konnte ich einen Mönch sehen, der im Inneren auf dem Fußboden in Buddha-Haltung saß, angetan mit safranfarbigen Gewändern. Hastige Gedanken wirbelten durch meinen Kopf: «Wirf dich dreimal zu Boden. Berühre ihn nicht. Halte immer die Hände zusammen, in respektvoller Demutspose.»
Am liebsten hätte ich mich in Nichts aufgelöst, als ich in der Tür stand und darauf wartete, daß er auf mein Kommen reagierte. Was wollte ich überhaupt? Dies war der Lebensbereich eines Mannes. Ausländische Frauen hatten in einem buddhistischen Wat nichts zu suchen. Die roten und gelben Astern, die ich mitgebracht hatte, schienen in meinen Händen immer schwerer zu werden. «Er ist als Abt eines der königlichen Wats von Thailand ein bedeutsamer Mann. Könige erhielten hier ihre Weihen, auch der jetzige. Dies ist einer der wichtigsten Wats von Bangkok. Darf ich es wagen, in diese Welt einzudringen?»
Schließlich blickte er mich an. Unbeholfen näherte ich mich ihm auf den Knien, mit den Blumen in der Hand.

«Mein Kopf darf nie höher reichen als seiner», sagte ich mir wieder und wieder. Als ich bis in seine Nähe gekrochen war, legte ich die Blumen zur Seite und warf mich dreimal zu Boden, wobei mein Kopf den Fußboden berührte und meine Hände eine Gebetshaltung beibehielten. Dies war für mich neu und beschwerlich, da ich nicht wußte, ob ich mich richtig verhielt. Als ich den Kopf hob, merkte ich, daß er mich beobachtete, was mich noch nervöser machte.

Nach der Prostration blieb ich weiter auf den Knien, unbeweglich und erwartungsvoll. Er schien durch mich hindurchzublicken. Ich spürte, daß er meine Gedanken zu lesen vermochte. Ich konnte das Schweigen nicht länger ertragen, hielt meine Hände in Demutspose vor das Gesicht und versuchte, mich vorzustellen und meine Bitte vorzutragen, bei ihm buddhistische Meditation zu studieren. Er schien nicht hinzuhören und blickte weiter durch mich hindurch. Ich fragte mich, ob ich mich vielleicht falsch verhalten hatte. Ich trug ein langes, hochgeschlossenes Kleid mit langen Ärmeln; mir war gesagt worden, daß dies als angemessene Kleidung galt. Vielleicht hätte ich ihn nicht ungefragt ansprechen dürfen? An meinem Körper perlte der Schweiß, doch nicht nur wegen der Hitze, sondern wegen der Angst, die ich empfand.

Da er nicht antwortete, nahm ich die Blumen und reichte sie ihm. Doch da er als Mönch von einer Frau nicht direkt etwas annehmen durfte, nahm er ein safranfarbenes Tuch und legte es vor mir auf den Boden. Ich legte die Blumen auf das Tuch, und er zog das Tuch mit den Blumen zu sich hin. Doch er sah sich die Blumen nicht an und bedankte sich auch nicht.

Ich kniete weiterhin und hielt die Hände in Demutspose. Da merkte ich, daß sich die rechte Seite seines Mundes

bewegte. Endlich redete er, sehr leise und langsam, in englischer Sprache. «Was wissen Sie über den Buddhismus?»
Ich antwortete mit sicherlich zu lauter Stimme, da ich noch immer ängstlich war. «Ich habe Bücher über den Buddhismus gelesen, aber ich bin hierhergekommen, um Meditation zu studieren.»
Wieder vergingen Minuten, bis er antwortete. «Was ist Meditation?»
Ich versuchte, trotz des Zitterns in meiner Stimme ruhig zu sprechen. «Ich weiß es nicht genau. Ich habe nur darüber gelesen, doch es scheint mir unmöglich zu sein, die Meditation zu kennen oder zu begreifen, wenn man nur allgemeines darüber liest. Deshalb bin ich hierher in den Wat Bovornives gekommen, um bei Ihnen zu studieren.»
Er schien in mich hineinzublicken. Was suchte er? Aufrichtigkeit? Ich wußte es nicht. Aber ich wußte, daß ich mich nervös und unsicher fühlte und daß ich mich außerhalb der mir vertrauten Welt befand. Nach einigen Minuten des Schweigens sprach er wieder. «Die Dhamma-Vorlesung und die Meditationsvorlesung finden heute abend um sechs Uhr hier in meinem Guti statt. Sie können kommen.»
Ich warf mich dreimal zu Boden und verließ den Raum, auf den Knien rutschend. Als ich draußen war, konnte ich mich kaum auf den Füßen halten. Ich zog mir die Sandalen an und ging langsam und nachdenklich im Bereich des Wat spazieren, an einem kleinen «Klong» entlang, der mit Stegen überbrückt war. An einer Brücke setzte ich mich, um nachzusinnen.
Die Hitze des Spätnachmittags hing in der Luft. Barfüßige Mönche in Safrangewändern und mit frisch rasierten Köpfen gingen langsam an mir vorüber. Die Sonnenstrahlen, die durch das dichte Laub der Bäume fielen, zeichneten

geometrische Figuren auf die Gewänder. Die Mönche gingen aufrecht mit langsamen Schritten, wie Statuen. Die fließenden Gewänder bewegten sich im lauen Wind. Während ich sie beobachtete, beruhigte sich mein Gemüt. Warum hatte ich eigentlich solche Angst? Thailand war für mich kein unbekanntes Land. Ich kannte die Gebräuche der Thais. Ich hatte schon viele Wats besucht und hatte festgestellt, daß sie Zufluchtsstätten vor der Hitze und dem Lärm waren. Wats waren für mich schon immer Stätten der Kontemplation gewesen. Doch jetzt war alles anders, denn ich machte den Versuch, eine Lebensweise zu beginnen, die Einsamkeit und Meditation erforderte, wie sie hauptsächlich für Männer vorgesehen war. Die Mönche lebten nicht nur im Zölibat; sie durften eine Frau nicht einmal berühren. Sie durften mit einer Frau sprechen, doch nur dann, wenn eine weitere Person dabei war. Insofern war es leichter, im Wohnbereich eines Wat keine Frauen, besonders keine Ausländerinnen, zu beherbergen.
Ich hatte nicht die Absicht, etwas Unbesonnenes zu tun oder eine Regel zu brechen, wodurch ein Mönch vielleicht genötigt worden wäre, sich einer komplizierten Reinigungszeremonie zu unterziehen. Doch weshalb war ich nur so überempfindlich?

Während ich den Abend abwartete, an dem die Vorlesung über Dhamma, die Lehren Buddhas, stattfinden sollte, senkte sich die Dämmerung über den Klosterbereich. Eine Abendbrise streichelte die Tempelglocken, die an den Dachgiebeln hingen, und ein schwaches Läuten erklang. Der leise, doch immer gegenwärtige Klang des Glockenspiels brachte die feierliche Stimmung zurück, die ich bei Besuchen von Wats immer empfunden hatte.
Hier, in diesem Wat, hatte kurz nach 1800 Prinz Mongkut

vierzehn Jahre als Abt verbracht, bevor er König von Siam wurde. Und hier versuchte dieser Prinz, der ein Philosoph, Wissenschaftler und Linguist war, die buddhistische Philosophie zu reinigen, indem er auf die alten Pali-Schriften zurückging, die ursprünglichen Lehren Buddhas. Als Ergebnis seiner Forschungen gründete er die strenge Dhammayut-Sekte, um die Regeln des Theravada-Buddhismus zu festigen. Diese wiederum beeinflußte in starkem Maße die bereits bestehende Mahanikai-Sekte.

Als ich über das Leben des Königs Mongkut nachdachte, der vielleicht einer der geistreichsten orientalischen Fürsten seiner Zeit gewesen war, wurde ich traurig und etwas wütend, da der Westen diesen kleinen Mann, der insgesamt sechsundzwanzig Jahre als Mönch verbrachte, nur als Wüterich, Tyrannen und Narren kennengelernt hatte. All dies hatte sich eine Anna Leonowens in ihren Büchern «The English Governess at the Siamese Court» und «The Romance of the Harem» ausgedacht, die schließlich durch Yul Brynner allgemein bekanntwurden, als er in dem Stück und dann in dem Film «Anna und der König von Siam» spielte. Wie schade!

Hier in diesem Wat vergaß ich beim Klang der Miniaturglocken bald, daß die Amerikaner den König Mongkut so gering einschätzten. Statt dessen dachte ich an andere berühmte Leute, die in diesen Wat gekommen waren, um die Lehren Buddhas zu hören und um sich in Meditation zu üben. Hier war es, wo der jetzige König von Thailand, Bhumipol Adulyadej, im Jahre 1956 mehrere Wochen lang die safranfarbenen Mönchsgewänder trug. Der König mußte die Lehren Buddhas kennenlernen und praktizieren, da er zugleich Protektor des Buddhismus ist.

Einige Minuten vor sechs näherte ich mich dem Guti des Abtes, wo mehrere Meditierende ihre Schuhe an der

Schwelle auszogen und im Inneren verschwanden. Ich nahm all meinen Mut zusammen, streifte wiederum meine Sandalen ab, verbeugte mich tief und trat ein.

Die Meditierenden versammelten sich nicht in dem Raum, wo ich zuvor mit dem Abt zuammengetroffen war, sondern in einem anschließenden Zimmer, das einem Büro ähnelte, da es Stühle enthielt und einen großen, modernen Schreibtisch, der den Raum beherrschte. Die Frauen saßen auf der rechten und die Männer auf der linken Seite. Ich setzte mich schnell auf den einzigen noch leeren Stuhl, der jedoch einen höheren Sitz hatte als die anderen, wodurch ich gleich als neu Hinzugekommene erkennbar war.

Ich versuchte, meine Unbehaglichkeit zu unterdrücken, nahm deshalb mein kleines Notizbuch heraus und begann, meine Eindrücke niederzuschreiben:

Ein schlecht gekleideter, großer und hagerer junger Mann aus dem Westen. Vier Mönche, die mit niedergeschlagenen Augen in aufrechter Haltung dasitzen. Drei der Mönche sind Farangs; einer ist Orientale. Alle Köpfe sind frisch rasiert. Die Farang-Mönche sehen seltsam aus. Ihre Nasen sind zu groß, ihre Haut zu hell, ihre Körper zu haarig. Große Stille. Nur das Rauschen der Blätter im Abendwind. Schreibtisch ist zu groß für den Raum. Haufen kunstvoller Gebinde von Rosen, Orchideen und Jasmin auf dem Tisch. Weiß und Purpur herrschen bei den Blumen vor, die dem Abt geschenkt wurden, nicht Orange und Rot wie bei meinen Blumen. Starker Duft nach Jasmin. Orientalischer Mönch scheint zu meditieren. Hände im Schoß gefaltet, nur das Weiße seiner Augen ist zu sehen. Unglaublich, wie seine Augen den halboffenen Augen der Buddha-Statuen ähneln. Er scheint kaum zu atmen.

Die Stille wurde unterbrochen durch das Erscheinen von zwei jungen Tempeldienern, die mit kurzen Khakihosen und weißen Hemden bekleidet waren. Sie brachten zwei

Tabletts mit gelben, mit kunstvollen blauen chinesischen Schriftzeichen bemalten Teetassen. Ich vermutete, in den Tassen sei Tee enthalten, konnte es aber nicht erkennen, da auf ihnen Deckel lagen.

Jeder Meditierende nahm eine Tasse und hielt sie in der Hand, doch niemand trank daraus. Auch ich trank nicht. Die Jungen gingen hinaus. Wieder kehrte Stille ein.

Fast gleichzeitig stellten die Mönche und die anderen Meditierenden ihre Teetassen auf die Fensterbretter oder auf den Fußboden. Ich hielt meine Tasse dagegen weiterhin in der Hand, wobei ich wünschte, ich hätte sie nie genommen.

Während ich noch mit meinem Notizbuch und der Tasse beschäftigt war, trat der Abt ein. Die Mönche standen auf und hielten ihre Hände in Demutspose, als er an ihnen vorbeiging. Auch die Laien waren aufgestanden und zeigten dem Abt ihre Ehrerbietung – nur ich nicht, denn ich hielt noch immer eine heiße Teetasse in der einen und Stift und Notizbuch in der anderen Hand.

Der Abt verschwand fast hinter dem riesigen Schreibtisch, und wieder herrschte Stille. Alle schienen den Abt anzublicken, doch er blickte nicht zurück. Er schien gar nicht in diesem Raum, sondern irgendwo anders zu sein. Ich wagte nicht, mich zu bewegen, doch ich mußte die Teetasse loswerden. Schließlich faßte ich mir ein Herz, lehnte mich vorsichtig zurück und stellte sie unter meinen Stuhl.

Nach einem fast zehn Minuten dauernden Schweigen bemerkte ich, daß es im Gesicht des Abtes zuckte, wie ich es schon zuvor an diesem Tage gesehen hatte. Dann begann er englisch zu sprechen, mit weicher Stimme und mit sehr langen Pausen. Ich spürte, daß es ihm schwerfiel, englisch zu sprechen. Während er redete, schrieb ich die folgenden Zeilen in mein Notizbuch:

Ihr müßt lernen, was der Buddha gelehrt hat. Buddha lehrte, daß das Leben «Dukkha» ist – Leiden oder Unzufriedenheit –, verursacht durch Verlangen, Wünsche, Sehnsüchte und Besitzstreben. Geburt, Krankheit, Alter und Tod sind Dukkha.
Er lehrte, daß «Sukkha» – Glück oder Aufhören des Leidens – die Ausschaltung aller Wünsche ist, auch des Wunsches, am Leben selbst zu hängen.
Er lehrte, daß es «Anicca» gibt – Vergänglichkeit –, ein ständiges Vergehen, ein Wechsel, der allen Dingen gemeinsam ist. Ihr, der Mond, dieser Tisch, alle Dinge ändern sich ständig. Das Glück kann nicht kommen, wenn man Dinge gern hat oder nicht gern hat, die vergänglich sind.
Um all dies zu erkennen, hat uns Buddha gelehrt zu meditieren – um unseren Geist freizumachen, um das Schlechte wegzuräumen und das Gute zu entwickeln. Um dies zu tun, müssen wir unser Bewußtsein reinigen und entwickeln. Dies kann durch Meditation geschehen.
Zum Beispiel: der Klang. Denkt daran, was das Bewußtsein tut. Hört die Kinder, die draußen spielen. Denkt daran, was das Bewußtsein tut: Es hört.
Wir müssen Aufgeschlossenheit entwickeln, «Sati». Sati ist Erinnerung – im Gegensatz zum Vergessen; es ist Wachsein – im Gegensatz zum Schlaf; es ist Erkennen – im Gegensatz zur Unkenntnis.
Die Wahrheit kommt aus dem eigenen Ich. Das eigene Ich ist das große Buch.

Als der Abt in Richtung der Mönche blickte, verneigten sie sich gemeinsam und hielten ihre Hände in Demutspose, bis er wegsah.
Wieder trat eine lange Pause ein. Wieder war es so, als ob er sich nicht im Raum befände. Seine braune Haut und die Safranfarbe seiner Gewänder schienen ineinanderzufließen.

Dann begann er wieder mit sanfter Stimme zu sprechen: Wir müssen Aufgeschlossenheit entwickeln. Um Sati oder Aufgeschlossenheit zu entwickeln, müssen wir uns auf die Luft, auf unsere Atmung konzentrieren, um ein Gefühl oder eine Kenntnis von Sati zu bekommen. Auf diese Weise sollten wir Aufgeschlossenheit für die Erinnerung bekommen.

Es gibt vier Stellen, um den Geist festzulegen: erstens den Körper, zweitens das Gefühl, drittens das Bewußtsein, viertens die Erscheinungen. Verwendet diese, um den Geist zu entwickeln, um ihn aufgeschlossen zu machen.

Ich schrieb alles nieder, aber ich begriff es kaum. Ich schämte mich, eine Frage zu stellen. Nach einer weiteren Pause sprach er wieder, und ich zeichnete seine Worte auf:

Beim Atmen müßt ihr der Luft bewußt werden, die eure Nasen in beiden Richtungen durchzieht. Für Anfänger ist es nützlich, einfach zu zählen. Eins für das Einatmen und zwei für das Ausatmen. Oder zählt eins-ein und eins-aus, dann zwei-ein und zwei-aus. Zählt bis zu zehn Atemzügen und fangt dann wieder bei eins an.
Seid aufgeschlossen, aber drängt nicht euer Bewußtsein. Wenn es abschweift, bringt es sanft zur Aufgeschlossenheit für eure Atmung zurück. Seid geduldig.
Zum Körper: Setzt euch in Halb-Lotosstellung oder mit untergeschlagenen Beinen. Achtet darauf, eine bequeme Stellung einzunehmen. Falls erforderlich, verwendet nach japanischer Art ein Kissen zwischen dem Gesäß und den Fersen. Haltet den Rücken gerade. Faltet die Hände, rechts über links, wobei sich die Daumen berühren. Beugt den Körper vorwärts und seitwärts, um bequem zu sitzen. Es macht nichts, wenn ihr nicht dreißig Minuten lang stillsitzen könnt, aber stört nicht die anderen.

Wieder trat eine Schweigepause ein, und dann tönte irgendwo eine Glocke, und die beiden jungen Tempeldiener erschienen. Der Abt wies mit der Hand nach der Treppe, und sie verschwanden dorthin. Es war kaum zu glauben, daß schon eine Stunde vergangen war, seitdem ich diesen Raum betreten hatte.
Der Abt stand auf, und die Anwesenden hielten die Hände in Demutspose, als er den Raum verließ. Diesmal ahmte auch ich diese Haltung nach, doch ich war unsicher, ob ich es auch richtig machte. Ein Farang-Mädchen, das englisch

sprach, flüsterte mir zu: «Wir gehen jetzt nach oben, um im Meditationsraum des Abtes zu meditieren.»
Ich ging hinter den anderen her. Wir legten unsere Schuhe vor der dunklen Tür ab und warteten, bis ein Tempeldiener sie öffnete und uns hereinwinkte. Im Inneren war es dämmerig. Schließlich wurde es ein wenig heller, als die Mönche begannen, an der Vorderseite des Raumes Kerzen und Räucherwerk zu entzünden. Ich tastete nach dem Mädchen, das mir zugeflüstert hatte, doch bevor ich es finden konnte, reichte mir ein junger Mann ein Kissen. «Sie sitzen vielleicht bequemer, wenn sie es benutzen», flüsterte er.
«Nein», erwiderte ich. «Ich brauche es nicht.»
«Dann setzen Sie sich auf einen kleinen Teppich», sagte er und zog einen davon näher heran.
Ich erkannte plötzlich, daß alle auf Teppichen knieten. Deshalb ließ auch ich mich schnell auf den Fußboden nieder. Alle schienen auf etwas zu warten. Aller Augen waren auf den Abt und die Mönche gerichtet, die an der Vorderseite des Raumes vor einem Altar saßen. Der Raum schien zwei voneinander getrennte Teile zu haben, einen für die Klosterangehörigen und einen für die Laien.
Als die mit safranfarbenen Gewändern Bekleideten begannen, sich dreimal vor der Buddha-Statue niederzuwerfen, folgten die Meditierenden diesem Beispiel. Ich beobachtete, was vor sich ging, und behielt meine kniende Stellung bei. Nach der Prostration richteten sich alle in einer Lotos- oder Halb-Lotosstellung ein. Ich hielt meine Augen auf das Mädchen vor mir gerichtet, wobei ich versuchte, alle ihre Bewegungen nachzuahmen.
Ein Tempeldiener trat ein und schaltete einen kleinen elektrischen Ventilator ein, den er so ausrichtete, daß der Luftzug direkt über die Laien unter den Meditierenden

hinwegging. Ich war froh, den leichten Luftzug zu spüren, der die drückende Schwüle des Abends etwas linderte und auch die Moskitos verscheuchte.
Bevor ich im Wat eingetroffen war, wußte ich nicht, daß es dort auch Ventilatoren gab. Deshalb hatte ich mich stark mit Sketolene eingerieben, einem wirkungsvollen asiatischen Moskitoabwehrmittel.
Schließlich brachte ich meine Beine und meinen Körper in eine erträgliche Halb-Lotosstellung. Ich war froh, daß mein loses Kleid an keiner Stelle des Körpers fest anlag. Es war weit genug, um mit gekreuzten Beinen dasitzen zu können. Ich nahm mir vor, immer etwas zu tragen, das mir etwas zu groß war, wenn ich wieder hierher käme.
Schließlich meinte ich, soweit zu sein, um anfangen zu können. Ich achtete auf das Luftholen und begann, große Luftmengen einzuatmen. Ich dachte mir, daß mein Atmen anormal war, doch es war interessant zu fühlen, wie der kühle Luftzug an den Härchen in meiner Nase entlangstrich. Jetzt galt es, aufgeschlossen zu sein – sich nur auf die ein- und ausströmende Luft zu konzentrieren. Doch gleich darauf war meine Aufmerksamkeit entglitten. Sie richtete sich auf den starken Duft des Moskitoabwehrmittels, sprang dann weiter zu der Frage, ob in meinem Zimmer Moskitos sein würden, und huschte schließlich zu dem Gedanken an mein Zusammentreffen mit dem Abt am Nachmittag. Ich begann, nochmals zu zählen – und wieder und wieder. Aber jedesmal konnte ich meine Aufmerksamkeit nicht darauf konzentrieren; ein schneller Gedanke reihte sich an den anderen, einmal erinnerte ich mich an ein weit zurückliegendes Ereignis, dann wieder an ein Erlebnis, das ich kurz zuvor hatte, als ein Taxifahrer mir zuviel Geld abverlangte.
Ich wurde allmählich nervös, denn ich konnte sogar für

die Dauer von ein paar Sekunden mein Bewußtsein nicht festhalten. Dann erinnerte ich mich an die mahnenden Worte des Abtes: «Drängt nicht euer Bewußtsein. Wenn es abschweift, bringt es sanft zurück.» Vielleicht bemühte ich mich zu angestrengt. Aber ich konnte mich einfach nicht entspannen. Das Erlebnis war wohl zu neuartig für mich, und aus irgendeinem Grunde begann ich dieses Abenteuer mit zu vielen Emotionen.

Schließlich gab ich den Kampf auf und öffnete die Augen. Ich sah auf meine Uhr. Etwa fünfzehn Minuten waren vergangen. Die anderen Meditierenden saßen bewegungslos im Dämmerlicht. Der Abt war nicht mehr da, aber vier junge Mönche meditierten noch immer.

Während sich meine Augen dem schwachen Licht anpaßten, bemerkte ich, daß in Schmuckschränken an den Wänden schöne chinesische Porzellanschüsseln und Teller ausgestellt waren. Ich fragte mich, wem sie wohl ursprünglich gehört hatten. Mönche durften eigentlich keinen Privatbesitz haben. Später erfuhr ich, daß Gläubige diese Stücke dem Wat geschenkt hatten – eine Art, sich durch Wohltätigkeit Verdienste zu erwerben.

Die tiefdunkelroten Teppiche mit verschlungenen Mustern, auf denen die Mönche saßen, schienen persischer Herkunft zu sein.

Langsam berührte ich mit der Hand den Fußboden; er war kühl, hart und bestand aus Teakholz. Die Kerzen flackerten im Luftzug des Ventilators, und Schattenbilder huschten über die schweigenden Mönche und die Statue des sitzenden Buddha über dem Altar hinweg. Jedesmal, wenn das flackernde Licht das Gesicht der Statue erleuchtete und Augen, Nase oder Mund erkennen ließ, verstärkte sich das Gefühl der Stille oder Gelassenheit – oder war es ein Gefühl des Friedens?

Das Räucherwerk erwies sich als stärker als der umherschwenkende Ventilator, und der Rauch hing schwer in der Luft. Der Duft war angenehm – oder kam er von dem Jasmin her, mit dem der Altar geschmückt war?
Mir war, als ob der Raum heller und freundlicher würde.
Als weitere zwanzig Minuten vergangen waren, begannen die Meditierenden sich langsam zu regen. Zunächst sah ich nur, wie sich ein Kopf oder ein Arm ein wenig bewegte. Dann änderten sie auch ihre Sitzlage. Ich saß ganz still und tat so, als seien meine Augen geschlossen, da ich nicht wußte, was sich nun ereignen würde.
Langsam erwachten die Mönche wieder zum Leben. Einer nach dem anderen warfen sie sich dreimal vor dem Bildnis des Buddha nieder, und die anderen Meditierenden taten es ihnen nach.
Leise und ohne Pomp standen die Meditierenden auf und gingen auf Zehenspitzen durch die Tür, um dort im Dämmerlicht nach ihren Schuhen zu suchen. Sie zogen sie an und verschwanden schweigend in der Dunkelheit. Kein einziges Wort war zu hören. Langsam folgte auch ich. Mein rechtes Bein war eingeschlafen.
Ich humpelte hinaus, aus der Stille des Wat in das Gewühl eines chinesischen Kleidermarktes, und schlug die Richtung zu meinem Zimmer ein, das mehrere Häuserblocks entfernt lag. Ich wollte über die vergangenen zwei Stunden nachsinnen, doch die Geräusche waren zu laut. Als ich vor dem schwach erleuchteten Haus ankam, erinnerten mich die süßen Düfte vom Blumenmarkt in der tropischen Nachtluft an den Jasmingeruch im Guti des Abtes. Ich begann mich zu fragen, ob ich je fähig sein würde, auch über die Zahl Zwei hinaus mein Bewußtsein festzuhalten. Ich zweifelte daran.
Bisher hatte ich es immer als sehr anregend empfunden,

meine Gedanken frei umherschweifen zu lassen. Meine besten Ideen kamen immer dann, wenn mein Bewußtsein wie der Wind durch Erinnerungen, Bilder und Phantasien hinwegfegen konnte. Hatte ich denn wirklich die Absicht, dies alles zu ändern?

Als ich die letzten Schritte zu meinem Zimmer zurücklegte, dachte ich über den Abend nach. Plötzlich erkannte ich, daß die ganze Vorlesung eigentlich mir gegolten hatte. Offenbar war der Abt auf die Anfangsgründe der Meditation zurückgegangen – nur für mich, den Neuankömmling. Ein warmes Dankgefühl für diesen Mann überkam mich. «Ich muß es versuchen», flüsterte ich, als ich die Tür aufschloß. «Ich muß nach seinen Anweisungen immer wieder üben.»

Ich setzte mich im Dunkel meines Zimmers auf den Fußboden und versuchte, meinem Atmen gegenüber aufgeschlossen zu sein. Ich begann zu zählen – eins-ein, eins-aus; zwei-ein. Wieder und wieder fing ich von vorn an – eins-ein, eins-aus; zwei-ein. Und so ging es weiter, fast eine Stunde lang, wobei ich jedoch nie über die «Zwei» hinauskam, ohne daß mein Bewußtsein gegen die ihm gestellte Aufgabe rebellierte.

Erschöpft und enttäuscht kroch ich ins Bett. Durch die tropische Vegetation verzerrt, tanzte das Licht des Mondes über den Fußboden in schnell wechselnden Bildern – unruhig wie mein Bewußtsein.

KAPITEL 2

«Die Meditation ist nicht etwas, das in der Geschichte erfunden wurde und das sich in ihr zutrug. Sie ist ein zeitloses menschliches Erlebnis, das in jeder Periode und jeder Kultur entdeckt, erforscht und angewendet worden ist...»
Lawrence Leshan, in: How To Meditate

Als ich am nächsten Morgen aufwachte, dachte ich an den Abt und an die besondere Rücksicht, die er mir gegenüber erwiesen hatte, indem er seine Dhamma-Vorlesung auf mich, den Neuankömmling, abstimmte. Diese Gefühle der Dankbarkeit schienen mich zu beflügeln, so daß ich danach morgens schnell aus dem Bett kam, um wieder zu versuchen, Aufgeschlossenheit beim Atmen zu üben.
Jeden Tag fiel es mir etwas leichter, in eine bequeme Halb-Lotosstellung zu gelangen, und es schien mir auch einfacher, mich auf mein Atmen zu konzentrieren. Beim Zählen war es mir gelungen, ohne Unterbrechungen bis zur Vier, manchmal sogar bis zur Fünf vorzudringen, doch zumeist konnte ich nur bis zur Drei zählen.
An diesem Morgen übte ich fünfundzwanzig Minuten lang. Ich war erheblich entspannter als bei früheren Sitzungen. Dies war ermutigend, doch ich war noch immer unsicher. Weshalb konnte ich nur mein Bewußtsein nicht länger als ein paar Augenblicke festhalten? Ich hatte immer gedacht, mein Bewußtsein beherrschen zu können. Weshalb

konnte ich diese scheinbar leichte Übung nicht ausführen? Dann dachte ich wieder an die vertraute Warnung, die im Wat Bovornives so oft wiederholt wurde: «Erzwingt nicht die Meditation; seid geduldig.»

Der Gedanke, daß noch Hoffnung für mich vorhanden sei, beruhigte mich, und ich beschloß, mich an diesem Tag den Büchern über den Buddhismus zu widmen, die mir eine Thailänderin gegeben hatte, die sich in der buddhistischen Philosophie auskannte. Als ich mir den Bücherstapel ansah, erkannte ich, daß mir nur ein Buch davon vertraut war. Welche bescheidenen Kenntnisse hatte ich doch mitgebracht!

Dieses Gefühl der Unkenntnis hatte ich schon zuvor gehabt, als diese Frau mir gesagt hatte, ein im Westen verbreitetes, von mir mitgebrachtes Buch über den Buddhismus sei irreführend und fehlerhaft. An diesem Morgen schob ich jenes Buch weit unter mein Bett und wandte mich den neuen, in englischer Sprache verfaßten Büchern zu, die von Buddhisten in Sri Lanka oder in Thailand herausgegeben waren.

Bis zum Mittag las ich. Und dann übte ich weitere dreißig Minuten lang Aufgeschlossenheit beim Atmen, zweifellos unter dem Eindruck des kleinen Erfolges in der Meditation, den ich am Morgen erzielt hatte. Das Ergebnis war nicht wesentlich anders als am Morgen, doch alles erschien mir jetzt natürlicher als zuvor.

Für den Abend nahm ich mir vor, das Zählsystem anzuwenden, jedoch des Ein- und Ausströmens des Atems bewußt zu werden – indem ich «Einatmung» und «Ausatmung» dachte. Diese Methode schien sich besser für mich zu eignen.

Nach dieser Übung saß ich allein in meinem kleinen Zimmer und dachte über die zurückliegenden Tage nach; diese

Gedanken notierte ich wieder in meinem Meditations-Tagebuch:

Eine Routine hat sich herausgebildet, die sich von Tag zu Tag nur wenig ändert. Im Wat Bovornives nehme ich an Vorlesungen über Dhamma und Meditation teil; außerdem lese ich buddhistische Schriften. Ferner gibt es Diskussionen über den Buddhismus mit Freunden und interessierten Laien in anderen Wats, besonders im Wat Sraket.
Mit jedem Tag, der vergeht, ändert sich mein Leben nach außen hin kaum, und doch wird mir bewußt, daß etwas gänzlich Neues und Andersartiges in mir vorgeht. Aber ich bin mir nicht sicher, ob ich es erfassen kann.

Einige Tage danach notierte ich eine weitere Betrachtung über meine Weiterentwicklung:

Ich übe Aufgeschlossenheit beim Atmen dreimal täglich – am frühen Morgen, frühen Nachmittag und am Abend. Anfangs dauerten die Sitzungen etwa fünfundzwanzig bis dreißig Minuten. Jetzt nimmt die Zeitdauer zu, doch ohne bewußte Anstrengungen. Es scheint wie eine natürliche Entwicklung zu sein, da es mir immer leichter wird, meiner Atmung bewußt zu werden.
Ich habe das Zählsystem aufgegeben, da es nicht die für mich geeignete Methode ist. Mein Bewußtsein flattert noch immer umher und läßt sich nicht beherrschen, aber ich versuche nicht mehr, wie zu Anfang, meinem Bewußtsein Zwänge aufzuerlegen. Wenn es umherschweift, werde ich mir darüber klar, wohin es gewandert ist, und dann bringe ich es sanft dahin zurück, auf meine Atmung zu achten.
Ich ärgere mich über die Moskitostiche. Nicht überall gibt es Ventilatoren, um die Moskitos zu vertreiben, und das Abwehrmittel reicht auch nicht aus, um sie in jedem Falle zu verjagen. Wenn ich doch nur nicht so allergisch auf ihre Stiche reagieren würde!
Und dann habe ich das Problem mit meinem Bein, das immer wieder einschläft, und mit den juckenden Hautstellen, die bei der Meditation so störend wirken. Die Mönche rieten mir, immer dann, wenn ich einen Schmerz spürte, «Schmerzen, Schmerzen, Schmerzen» zu denken, und er würde verschwinden. Wenn ein Moskito sticht, sollte ich das gleiche denken oder beim Jucken mich auf den Vorgang konzen-

trieren und im Geist «Jucken, Jucken, Jucken» wiederholen. Früher hatte ich immer gedacht, der Schmerz oder die Irritation würden vergehen, wenn man den Ursprung ignorieren könnte. Doch hier wird mir erklärt, ich müsse ihrer mehr bewußt werden und versuchen, ihr eigentliches Wesen zu erkennen, mich also auf den eigentlichen Schmerz oder die Irritation konzentrieren. Da mir die Wirkungsweise dieser Methode zweifelhaft erscheint – Moskitostiche verursachen bei mir gewöhnlich ein starkes Brennen –, will ich die Theorie heute abend testen.

Beim Meditieren im Guti des Abtes begann die linke Seite meiner Nase erbarmungslos zu jucken. Meine Aufmerksamkeit ließ sich nicht mehr festhalten; es schien keine Möglichkeit zu geben, auf meine Atmung zu achten, während dieses Jucken sich über mein ganzes Gesicht ausbreiten wollte. Zögernd und sehr skeptisch gestattete ich meinem Bewußtsein, sich ganz auf das Jucken einzustellen.

Mit großer Energie wurde sich mein Geist des Juckens bewußt. Ich hatte den verzweifelten Wunsch zu kratzen, doch ich hielt mich zurück und wiederholte «Jucken, Jucken, Jucken». Das Jucken breitete sich noch immer aus. Noch einmal konzentrierte ich mich für eine scheinbar lange Zeit auf das «Jucken, Jucken, Jucken». Dann hörte es auf! Sogleich nach dem Aufhören des Nasenjuckens empfand ich ein starkes Jucken unter meiner linken Brust; man konnte es einfach nicht übergehen. Ich gestattete meinem Bewußtsein, dorthin zu wandern und sich auf die Unannehmlichkeit zu konzentrieren, während ich langsam «Jucken, Jucken, Jucken» wiederholte. Immer wieder sagte ich im Geist diese Worte. Schließlich ließ auch diese Unannehmlichkeit nach. Und dann breitete sich ein Jucken an meiner rechten Seite aus! War das nicht lächerlich? Aber ich befolgte die Anweisungen. Diesmal brauchte ich die Worte nur dreimal zu wiederholen, doch sehr langsam und mit voller Konzentration.

Ich weiß nicht, ob ich irgend etwas hiervon begreife, doch es scheint möglich zu sein, den Schmerz mit machtvoller Konzentration ausschalten zu können.

Schmerz und Jucken störten mich auch weiterhin bei der Meditation, doch ich weigerte mich, ihnen nachzugeben. Ich rieb nicht und ich kratzte nicht. Es gab noch weitere Probleme, die mit der Meditation einhergingen.

Mehrere Tage lang wurde ich mir nur des Einatmens bewußt. Ich konnte nicht spüren, wie der Atem herauskam, und fand dies sehr verwirrend. Manchmal hatte ich das Gefühl, mein Körper sei mit Luft aufgeblasen und würde bald platzen.

Eines Abends berichtete ich über das Problem nach der Dhamma-Vorlesung. Ein diensthabender Mönch erklärte mir, daß ich nicht aufgeschlossen genug sei. «Natürlich kommt die Luft heraus. Wenn Sie aufgeschlossener wären, könnten sie an dem Temperaturunterschied feststellen, welche Luft eingeatmet und welche ausgeatmet wird.» Wiederum ermahnte er mich, nicht unter Zwang zu atmen, da dies sonst eine Form des Verlangens oder Besitzergreifens sei; überhaupt sei ich zu begierig, bei der Meditation zum Erfolg zu gelangen. Zweifellos hatte er recht. Vermutlich war ich zu sehr mit meinem «Ich» beschäftigt – denn ich selbst war es, die zum Erfolg kommen wollte, ich wollte auch bei der Meditation bald zum Ziel kommen. Es traf zu, daß ich entschlossen war, daß ich alles, was über den Buddhismus zu erfahren war, in mich aufnehmen wollte. Der Mönch hatte recht: Ich verlangte zu viel, was meinen Lernbemühungen nur hinderlich war.

Ich wußte, daß ich entspannter werden mußte, um das «Verlangen» auszuschalten – um ein Teilnehmer des Mittleren Weges zu werden, eines Weges, der weder ein übermäßiges Genießen noch ein extremes Asketentum befürwortet.

An jenem Abend gingen die Vorlesungsteilnehmer nach der Diskussion in den Meditationsraum des Abtes. Dieser Raum machte allmählich einen freundlicheren Eindruck auf mich, da ich mich jetzt in der Routine der Dhamma- und Meditationsvorlesungen auskannte und da die Angst nachließ, einen großen «Fauxpas» zu machen. Aber es blieb für mich noch immer ein Geheimnis, weshalb sich die Teilnehmer vor und nach der Meditation dreimal niederwarfen. Ich löste das Problem in der Weise, daß ich mich nur einmal niederwarf und meinen Kopf auf dem Fußboden ließ, bis die anderen diese Zeremonie beendet hatten.

Während ich in der beruhigenden Atmosphäre dasaß, dachte ich darüber nach, was die Meditation mir bisher gebracht hatte, wobei ich mich darauf vorbereitete, noch einmal von vorn zu beginnen, um aufgeschlossener zu werden und zu versuchen, Sati zu entwickeln. Die Samadhi genannte Form der Konzentrationsmeditation blieb für mich nicht mehr unbegreiflich. Ich war im Begriff, etwas von der Theorie des Sati zu verstehen; es schien ein Versuch zu sein, den Meditierenden auf die Beherrschung oder Entwicklung seines Bewußtseins vorzubereiten, so daß er einen Zustand der Gelassenheit erreichen konnte.

Während ich nun versuchte, Aufgeschlossenheit beim Atmen zu üben, spürte ich, wie ich unter dem Umherirren meines Bewußtseins litt. Ich konnte körperlich empfinden, wie mein Bewußtsein von einer Seite zur anderen und hin und her hüpfte und dann in lächerlichen, schnellen Sprüngen ziellos umherschweifte. Mein Bewußtsein war wie ein Muskel, der zerrte und zuckte, der sich wie in Krämpfen ruckartig und unkontrollierbar bewegte. Nie zuvor hatte ich die offensichtlichen physischen Energien des Bewußtseins empfunden.

Ich konnte die Tiefen der Samadhi-Meditation nicht begreifen. Ich wußte jedoch, daß der Mensch gelernt hat, nur einen sehr kleinen Bereich seines Bewußtseins einzusetzen. Da ich aber jetzt lernte, daß der Mensch durch die Techniken der Samadhi-Meditation in die Lage versetzt werden kann, die Fähigkeiten und den Bereich seines Bewußt-

seins zu erweitern, erschien mir die Meditation immer mehr als lohnende Beschäftigung.
Nachdem alle diese Gedanken durch meinen Geist gewandert waren, nahm ich eine bequeme Haltung ein und begann, einzuatmen und auszuatmen. Es schien jetzt viel leichter, da ich eingesehen hatte, daß ich wieder von Anfang an beginnen mußte.
Das Problem, das ich zuvor hatte, schien überwunden zu sein, denn mein Atem floß in beiden Richtungen ungehindert. Während ich routinemäßig einatmete und ausatmete, wurde mir bewußt, daß eine gestaltlose graue Masse unter meiner Nase hing, vielleicht auch vor meinen Augen war, was ich nicht genau erkennen konnte. Schließlich wurde mir klar, daß dies mein Bewußtsein war! Dort hing es, außerhalb meines Kopfes, in sehr unattraktiver Weise zusammengeschmolzen. Das Einatmen und Ausatmen setzte sich rhythmisch fort, während das unbekannte Konglomerat umherschwebte. Es hatte den Anschein, daß mein Bewußtsein dort war, gleichzeitig aber auch nicht dort war. Ich erkannte darin eine Kraft aus konzentrierter Energie, doch gleichzeitig erschien es als ätherisches Gebilde, da es keine bestimmbare Form hatte.
Mir war, als hätte ich ein zweifach vorhandenes Bewußtsein: das eine konzentrierte sich auf das Atmen, während das andere die graue Masse betrachtete. Eine kugelartige Form war da, doch sie bildete sich wieder zurück, als käme sie aus einem anderen Bereich, während sich das Atmen in dem gleichen Bereich abspielte, in dem ich mich befand.
Die Blase schimmerte und bewegte sich in schnellen Schwingungen hin und her, wurde dunkelgrau und dann hellgrau. Sie blieb da, während ich gleichzeitig auf mein Atmen und auf mein Bewußtsein achtete, das außerhalb meines Kopfes hing. Die geballte Energie dieses Gebildes

zog, wie es mir schien, schließlich meine ganze Aufmerksamkeit auf sich. Als ich mich direkt darauf konzentrierte, um es wissenschaftlich zu prüfen, verschwand es plötzlich. Es erschien auch nicht wieder, als ich erneut bewußt ein- und ausatmete.

Dann schien die Meditation zu Ende zu gehen, offenbar ohne daß ich darauf einwirkte. Die Konzentration auf mein Atmen begann nachzulassen, und ein weiches, zerbrechliches Gefühl folgte. Ich wollte weiterhin die Augen schließen, um die Meditation aufrechtzuerhalten, doch ich wußte, daß sie vorüber war. Ich mußte mich bewußt anstrengen, um die Augen zu öffnen und die Hände zu bewegen. Alle Bewegungen fielen mir schwer.

Ich blickte auf meine Uhr, die ich immer neben mich auf den Fußboden legte, da ich während der Meditation nichts am Körper haben wollte, das mich beengte. Ich hatte fünfundvierzig Minuten lang in der Meditation gesessen, während ich gemeint hatte, es wären nur fünf oder zehn Minuten gewesen.

Ich blieb noch eine Zeitlang auf dem kleinen safranfarbenen Teppich sitzen. Das Gefühl der Ruhe in dem Raum und in mir selbst erschien mir wie ein neues Erlebnis. Ich fühlte mich wohl, und ich freute mich über dieses Gefühl – was zweifellos falsch war, denn wiederum «klammerte» ich mich wieder an etwas. Dies war das erstemal, daß ich mir dieser Art einer angenehmen Stille bewußt wurde.

Dann merkte ich plötzlich, daß ich allein war. Nur ein kleiner Tempeldiener war in der Nähe. Er wartete wohl auf meinen Aufbruch, um danach die Ventilatoren abschalten zu können.

Offenbar ging es mit meiner Meditationspraxis voran, wenn auch nur langsam. Dabei erfuhr ich immer wieder aus den Vorlesungen und aus der Lektüre, daß ein Meditierender, der sich über seine Fortschritte Sorgen macht, seinen Begierden und Täuschungen erliegt und daß diese Verführungen ihn daran hindern, in richtiger Weise zu üben.

Noch war keine lange Zeit nach der Erscheinung der grauen, gestaltlosen Masse unter meiner Nase vergangen, als ich ein neues Erlebnis im Guti des Abtes hatte. Ich verstand nicht, weshalb neue Tendenzen offenbar immer vom Meditationsraum des Abtes ausgingen. War es wegen der Inspiration durch die Dhamma-Vorlesung vor der Meditation, wegen der Inspiration, die der vor mir meditierende Abt ausstrahlte, oder wegen der Atmosphäre dieses Raumes, die sich so sehr für die Meditation zu eignen schien? Was mochte der Grund sein?

Die betreffende Meditationssitzung begann in der üblichen Art: Ich machte es mir bequem, achtete darauf, daß keine Kleidung meinen Körper beengte, nahm meine Uhr ab, brachte mein linkes Bein in eine Lage, in der es nicht einschlafen konnte, und straffte meinen Rücken so, daß mein Körper fest auf den Beinen und dem Gesäß ruhte. Meine bewußten Atemübungen fielen mir jetzt viel leichter. Es wurde mir auch leichter, über längere Zeiträume hinweg das Bewußtsein festzuhalten. In den zurückliegenden Tagen hatte ich allmählich die Empfindung gewonnen, die mir die Meditation als eine Beschäftigung erscheinen ließ, die ich herbeiwünschte.

An diesem Abend brachte das Einatmen und Ausatmen einen winzigen blauen Punkt mit sich. Dieser winzige blaue Punkt war unendlich weit entfernt. Er flackerte und wurde größer, bis er mein ganzes Blickfeld erfüllte. Er breitete sich aus und wuchs zu unendlichen Ausmaßen. Die ursprüngliche Farbe wechselte zu einer Vielzahl verschiedener Blautönungen, angefangen von einem tiefen Purpur bis zu einem hellen Meergrün. Wie ein gigantisches Kaleidoskop bewegten, drehten, verstärkten und verminderten sich die Farbmuster in einem Wirbel herrlicher Formen, Dessins und Nuancen.

Das Atmen blieb nahe bei mir als dominante Erscheinung. Die kaleidoskopischen Farben und Muster blieben in der Ferne und außerhalb meiner selbst – frei, schwebend, schöpferisch, während sie in schneller Folge durch ganze Welten schwankten. Die Farben spielten und tanzten in unendlicher Entfernung außerhalb meiner Reichweite, und doch war ich mir einer Freude an dieser Schönheit bewußt. Dabei schien es mir, als hätte ich Angst, mein Bewußtsein aus dem Einatmen und Ausatmen zu entlassen.

Später fragte ich mich, wie es möglich gewesen war, gleichzeitig des Atmungsprozesses und der unendlichen Farbfelder bewußt zu sein. Hatte ich denn ein mehrfaches Bewußtsein? Wie erfolgt die Wahrnehmung im Bewußtsein?

In den darauffolgenden Tagen schien meine Meditation immer wieder von psychedelischen Vorstellungen durchzogen zu sein, und immer wieder begannen diese mit einem winzigen Fleck in einem riesigen Raum. Manchmal war dieser Fleck ein winziges, sehr intensives Licht von außergewöhnlicher Leuchtkraft, aus dem eine bläuliche Farbe in großen Strömen herausquoll und eine ganze Welt in sich einschloß, wobei ich Freude an den kunstvollen Gebilden empfand. Oftmals erschien zu Beginn der Meditation die graue Blase – offenbar mein Bewußtsein – irgendwo unter meiner Nase und strahlte bei all ihrer Gestaltlosigkeit eine Art von Energie aus.

Eines Tages, bevor die Farbenparade begann, nahm die Energiemasse plötzlich eine glänzend gelbe, fast strahlende

Farbtönung an. Sie schwankte und taumelte im Raum. Manchmal schien sie auch näher heranzukommen – lag es vielleicht daran, daß die amorphe Masse an Form und Gestalt gewann, wodurch sie näher erschien?
Trotz des Zuckens und Wackelns bildete sich allmählich eine Form heraus, die ich jedoch nicht sicher erkennen konnte. Einmal schien sie die Form eines kleinen buddhistischen Amuletts anzunehmen, wie es viele Thais als eine Art Glücksbringer um den Hals tragen. Ein anderes Mal erschien sie mir wie die Silhouette eines meditierenden Buddha. Dann wieder nahm sie die Form einer sich entfaltenden Lotosblüte an.
Der Wechsel an geheimnisvollen Formen dauerte an, und ich fragte mich, welche Bedeutung dies alles haben mochte. Vielleicht war es doch bedeutungslos – doch weshalb hörten diese Erscheinungen nicht auf? Weshalb versuchte dieses strahlende Bild in meine Konzentration einzudringen? Ich meinte, es würde bald verschwinden, doch es blieb erhalten.
In einer nach der Meditation folgenden Diskussion stellte ich schließlich die Frage, weshalb meine Meditation von blauen Farben begleitet war. Warum traten nicht andere Farben auf?
Der leitende Mönch, ein etwa fünfundzwanzigjähriger junger Mann, hatte keine Erklärung, doch er stellte eine Gegenfrage: «Haben Sie etwas mit blauen Farben zu tun?»
«Gar nichts», antwortete ich. «Ich freue mich nur daran und versuche, auf mein Atmen zu achten.»
«Es ist Dukkha, sich daran zu erfreuen», erinnerte er mich. «Ihnen gefallen die Farben, so daß Sie danach verlangen. Lassen Sie sich nicht an die Farben binden. Blau betrachtet man als eine beruhigende Farbe, und das nächste Mal sollten Sie sich nicht über die Farben freuen, sondern versu-

chen, sie durch Ihr Atmen in Ihren Körper hineinzuziehen.»
Als Nachsatz fügte er hinzu: «Aber Sie sollten dies nicht mit dem ‹Nimitta› tun. Sie sollten es nicht beachten.»
Ich verstand nicht seine Mahnung, denn ich kannte das Wort Nimitta nicht. Obwohl es vielleicht eine dumme Frage war, nahm ich mir den Mut, ihn danach zu fragen.
«Nimitta ist ein Symbol oder eine Form, ein visuelles Bild, das häufig an einem bestimmten Punkt der Meditation erscheint. Es wird auch häufig als ‹Gewonnenes Zeichen› betrachtet. Dieses Zeichen scheint bei jedem Menschen anders zu sein, jedoch», erklärte der Mönch mit sanfter Stimme, «deutet es darauf hin, daß das Bewußtsein sich beruhigt hat. Wenn ein Nimitta sich entwickelt, beginnt die Konzentration zu wirken.
Denken Sie daran, daß das Nimitta nicht Ihnen gehört und auch nicht Sie selbst ist. Das Kommen und Vergehen des Nimitta ist ein Zeichen für die Vergänglichkeit, die die Ursache des Dukkha, also des Leidens ist. Das Nimitta kommt und geht, so wie die Vorbedingungen entstehen und verschwinden; es ist das Ergebnis von Ursachen und Wirkungen. Werden Sie keine Sklavin des Nimitta. Die Schönheit soll nicht im Nimitta liegen, sondern in der Tatsache, daß das Bewußtsein relativ ruhig und gelassen ist.»
Er fuhr fort: «Die Konzentration ist der Schlüssel zur Meditation, doch die Meditation muß sich immer auf die unmittelbare Gegenwart beziehen. Seien Sie vorsichtig gegenüber dem Nimitta, weil es außerordentlich machtvoll sein kann. Denken Sie daran, lassen Sie sich nicht von ihm versklaven!»
Er schloß mit dem Vorschlag, ich solle zu seinem Guti kommen, wo er mir ein Buch in englischer Sprache geben wolle, in dem das Nimitta im einzelnen erklärt wurde.

Auf meinem langen Heimweg dachte ich über die Warnung des Mönchs vor den Gefahren der Bindung an das Nimitta nach. Ich verstand nicht, was er meinte, und so kam ich zu dem Entschluß, seinem Rat entsprechend nachzulesen, was diese Erscheinung zu bedeuten hatte.
Am nächsten Tag borgte ich mir das Buch und fand darin eine Erklärung des Nimitta, verfaßt von einem führenden, doch sehr umstrittenen thailändischen Intellektuellen, dem buddhistischen Mönch Buddhadasa.
In einer Erörterung über die Schritte, die zur Erlernung der Aufgeschlossenheit beim Atmen führen, schrieb er, der erste Schritt sei die Erkenntnis, wie lang oder wie kurz der Atem ist und wo das Zentrum der Atmung liegt. Der zweite Schritt schließt die Festlegung des Bewußtseins auf das Eingangstor des Atems ein, also die Nasenlöcher. Bei diesem zweiten Schritt soll das Atmen sanft und ruhig erfolgen. Als nächstes erörterte er das Nimitta, und ich schrieb eine Passage aus seinem Buch für mein Tagebuch ab:

Wenn das Gewonnene Zeichen (das Nimitta) gut gepflegt wird, neigt es zur Stille, und das Bewußtsein wird beruhigt. Danach beginnt das Gewonnene Zeichen, seine Form zu ändern. Bei den einzelnen Menschen bestehen Unterschiede im Erscheinungsbild, was die Größe, die Schönheit oder den Ort anlangt. Zum Beispiel erscheint bei manchen dieses geistige Bild als etwas Weißes direkt vor ihrem Gesicht oder als großer Mond am Himmel oder auf einem Baum oder im Nasenloch; dies hängt mit den Einzelreaktionen zusammen, die mehr oder weniger automatisch verlaufen. Nachdem es jedoch eine bestimmte Form angenommen und sich auf eine bestimmte Stelle festgelegt hat, wird dieses geistige Bild unveränderlich, ohne irgendeinen Wandel zu zeigen. (Aus «Towards Buddha-Dhamma» von Buddhadasa Bhikkhu, S. 32–33, bei Siripat Co., Bangkok, Thailand.)

Ich war fasziniert von dem, was ich hier las. Hieß dies, daß ich wirklich Fortschritte machte? War dieses sich wiederholende Bild ein Nimitta? Zweifellos war es so. Doch das Interessanteste dabei war, daß ich nichts über das Nimitta gehört hatte, bevor es in meiner Meditation aufgetreten war.

Doch weshalb sollte ich diesen Kräften gegenüber so wachsam sein? Ich las weiter und schrieb die folgenden Sätze auf:

Dies ist das Stadium (des Gewonnenen Zeichens), wo das Bewußtsein, wie ein gut gezähmter Affe, friedlich und ruhig wird. Man fühlt sich von Freude überströmt, da man von Glücksgefühlen durchdrungen ist. Man kann sich lang andauernden Gedanken hingeben, der Begeisterung, dem Glück, man ist in völliger Harmonie mit dem Bewußtsein ausgerichtet... Dies ist das Stadium, in dem wir das «Padibhaga-Nimitta» haben, das Zeichen der Versenkung. In dem Augenblick, wo wir in dieses Stadium eintreten, wird das Bewußtsein völlig befreit von den schädlichen geistigen Zielsetzungen, die technisch als die fünf «Nirvanas» bezeichnet werden (geistige Hindernisse, nämlich Gier, Böswilligkeit, Faulheit, Ruhelosigkeit und Angst). (Ebendort S. 33)

Das Wort Versenkung rüttelte mich auf. Ich dachte an die Versenkung in Verbindung mit Yoga und Trance, die ich als Perioden außergewöhnlich starker Konzentration ansah. Ich wußte, daß ich nicht besorgt sein mußte, in einen Zustand der Versenkung zu geraten, solange dies ein Freisein von Ruhelosigkeit, Sorgen und Ängsten bedeutete. Von diesen Eigenschaften hatte ich überreichlich viel in mir.

Was war die Gefahr eines Nimitta? War es die Gefahr, daß man das Nimitta zu einer unkontrollierten Kraftquelle werden ließ, die die Konzentration beherrschte, so daß alles andere ausgeschaltet wurde?

Es war interessant, darüber nachzudenken, doch ich hatte das Gefühl, daß es sich um etwas handelte, das mich nicht direkt betraf.

Bei der Meditation am nächsten Abend war meine Atmung sanft und ruhig. Es war jetzt so viel einfacher, beim Atmen aufgeschlossen zu sein. Das Nimitta erschien mit seinen strahlenden Konturen und seinen stets vorhandenen blauen Farbtönen. Wie bei einer modernen abstrakten Malerei alternierender Farben dehnten sich die dunklen Blautöne von unten her immer weiter aus und rundeten sich nach oben hin in einem feinen Hellblau ab.
Statt die Farben zu genießen und mich an sie zu binden, versuchte ich, wie man mir geraten hatte, sie in meinen Körper hineinzuziehen, indem ich langsam und etwas schleppend einatmete und ausatmete. Die Farben kamen leicht an mich heran, doch ich merkte nicht, daß sie in meinen Körper eindrangen, obwohl sie wie ein Strom mit meinem Atem zu mir gelangten. An der Stelle, wo sie meine Nase berührten, war ich ihrer nicht mehr bewußt. In manchen Augenblicken schien es, daß ich gleichzeitig der Nimitta, der Atmung und der fließenden Bläue bewußt wurde. Ich konnte nicht die gesamte Bläue in mich aufnehmen; immer wieder entstand eine neue Welt, die eingeatmet werden wollte.
Dann wichen die blauen Farben langsam, ganz langsam zurück und wirbelten wie durch ein Nadelöhr hinunter. Ich war mir einer ganz ruhigen Atmung bewußt und dann der Erkenntnis, daß die Meditation zu Ende ging.

Das Aufhören einer Meditation ist faszinierend. Alles läuft ganz natürlich ab, und dennoch besteht ein ausgeprägtes Verlangen, daß sie fortdauern möge. Beim Meditieren entsteht ein freudiges Gefühl, ein Vorgefühl auf die Fortdauer und damit eine Art Vorfreude. Dies alles ist jedoch zweifellos ein schlechtes Zeichen, da die Meditation eigentlich bezweckt, den Menschen zur Entwicklung des Bewußtseins zu solchen Höhen zu führen, wo ein Verlangen jeglicher Art völlig ausgelöscht wird.

Dieses Gefühl der Freude und Stille blieb mir nach der Meditation erhalten. Als ich durch die lärmenden und belebten Marktstraßen nach Hause ging, fühlte ich mich so unbeschwert, daß ich meinte, vor Erreichen meines Zimmers zusammenzubrechen. Ich brach nicht zusammen, doch dieses seltsam heitere Gefühl dauerte noch mehrere Stunden an.

Schon zu Beginn meiner Meditationspraxis hatte ich festgestellt, daß es unmöglich war, nach dem Meditieren zu essen. Manchmal trank ich ein Glas Wasser, Eistee oder einen Fruchtsaft; doch an diesem Abend konnte ich mich nicht zwingen, etwas zu trinken. Später hörte ich, daß dies beim Meditieren allgemein der Fall sei.

Oftmals saß ich auf meinem Bett, nachdem ich aus dem Wat gekommen war, trank manchmal einen kühlen Schluck und dachte über die Meditation nach. Auch an diesem Abend war es nicht anders. Als ich über die relative Leichtigkeit nachdachte, mit der ich die Meditation dieses Abends begonnen hatte, und über die darauffolgende Gelassenheit, erinnerte ich mich an die Warnungen, die mir Freunde mitgegeben hatten: «...Lassen Sie sich nicht zu dem Gedanken verleiten, Sie würden Fortschritte in der Meditation und im Verständnis für das Dhamma machen. Die Meditation ist ein langer und schmerzvoller Prozeß. Es gibt keine Wegabkürzungen. Niemals!»

Ich wußte, daß diese Warnungen Gültigkeit hatten. Doch als ich an jenem Abend meditierte, schien es mir, als sei ich in der Lage, zur gleichen Zeit meiner Atmung, der Nimitta und der blauen Farben, aber auch des Bellens der Tempelhunde und des Spielens der jungen Tempeldiener bewußt zu werden.

Während dieser Vorgänge registrierte ich in meinem Bewußtsein, daß ich die Hunde und die Kinder hörte, doch es war eine neutrale Registrierung. Ich wurde ihrer gewahr, doch ich war nicht abgelenkt. War dies eine Art Losgelöstsein? Ich begann, über den schwierigen buddhistischen Begriff des Losgelöstseins nachzudenken und über die vier Eigenschaften «Metta» oder liebende Freundlichkeit, «Karuna» oder Mitgefühl, «Mudita» oder Mitfreude und «Upekkha» oder Gleichmut. Mir wurde klar: Wenn wir diese Eigenschaften pflegten, dann könnten wir eine Art höhere Daseinsform kennenlernen.
Während ich über den scheinbaren Konflikt zwischen dem Losgelöstsein und diesen vier Eigenschaften nachgrübelte, schrieb ich in mein Notizbuch:

Bedeutet Losgelöstsein, aller Dinge bewußt zu sein, jedoch nicht auf sie Bezug zu nehmen oder auf sie zu reagieren – ein Innewerden, aber keine Einbeziehung? Aber wenn ich nicht auf etwas Bezug nehme, wie kann ich dann liebende Freundlichkeit oder Metta zeigen? Die Mönche sprechen immer von der Entwicklung von Metta. Es scheint ein grundlegendes und einfaches Ziel in der Meditation zu sein, doch wie kann ich liebende Freundlichkeit ohne irgendwelche Selbsttäuschungen oder Vorbehalte gegenüber allen Wesen erweisen – seien es nun Menschen, Haustiere oder gar Insekten? Dies ist keine leichte Aufgabe. Das Innewerden von Metta könnte leichter sein als das Erkennen der drei anderen sogannten göttlichen Wohnstätten oder erhabenen Bewußtseinszustände wie Mitgefühl, Freude und Gleichmut. Bisher hatte ich gedacht, diese Worte wären mir vertraut, denn ich schreibe häufig über Liebe, Freude und Mitgefühl. Doch das Mitgefühl, die Freude und der Gleichmut des Buddhismus sind mir fremd. Wenn man den buddhistischen Theorien folgt, müssen diese Eigenschaften, um rein zu bleiben, ohne Bindung existieren. Ich kann nicht begreifen, wie Mitgefühl ein wahres Mitgefühl sein kann, wenn es ohne Bindung bestehen soll.

KAPITEL 3

«Der Mensch ist auch in diesem Leben nie er selbst, sondern immer das Ergebnis seines vorher gelebten Lebens.»
G. P. Malalasekera, Aspects of Reality as Taught by Theravada Buddhism

Während der Zeit, als ich bei dem Abt von Wat Bovornives Dhamma und Meditation studierte, befaßte ich mich außerdem mit dem Studium der buddhistischen Philosophie bei einem gebildeten Laien im Wat Sraket in Bangkok. Eine Thailänderin, die selbst eine gebildete Buddhistin war, hatte dies für mich arrangiert.

Wat Sraket ist berühmt wegen seines Goldenen Berges, eines massiven vergoldeten Bauwerks, das sich in immer kleiner werdenden Spiralen nach oben windet und majestätisch über der Stadt Bangkok thront. Der Goldene Berg ist eigentlich ein «Chedi», eine Grabstätte, in der Gebeine, die angeblich von Buddha stammen, beigesetzt sind. Von der Spitze dieses goldenen Bauwerks kann man ganz Bangkok überblicken und weit über die unendlichen Reisfelder sehen, die in flirrender Hitze liegen und in einen dunstigen Himmel übergehen. Ich bin nur selten auf den Goldenen Berg gestiegen, denn ich kam zum Wat Sraket, um bei einem englischsprechenden Thailänder zu studieren, der es sich neben vielen anderen Arbeiten zur Auf-

gabe gemacht hatte, kleine Vorlesungsgruppen zu leiten, in denen er über das «Abhidhamma» unterrichtete, die philosophischen Lehren des Buddhismus.
Jedesmal überkam mich eine Erregung, wenn ich die Stufen zu der großen Halle im Wat Sraket, in der die Vorlesungen stattfanden, emporstieg. Wenn ich demütig und ohne Schuhe diese Halle betrat, hatte ich das Gefühl, als schreite ich in die Vergangenheit hinein. Der schimmernde, glatte Teakholzfußboden dieser Vorlesungshalle fühlte sich unter meinen Füßen kühl und zeitlos an. Immer wieder spürte ich einen leichten Luftzug – einen Luftzug, den es nur in diesem Gebäude zu geben schien. Oftmals fragte ich mich, wie es möglich war, daß hier eine solch angenehme Kühle und Stille herrschte, wo doch nur wenige Schritte weiter ein hektischer Verkehr und heiße, verschmutzte Luft die Menschen überfielen. Ein Wat erschien mir immer wieder wie eine Zufluchtsstätte von der Welt, wo auch immer er errichtet war.

Ihr Kopf war rasiert; sie trug weiße Kleidung. Sie war eine buddhistische Nonne. Wenn sie mich die Stufen emporkommen sah, verschwand sie gleich wieder hinter einem weißen Baumwollvorhang in einer Ecke. Sobald ich hinter einem kleinen Lernpult Platz genommen hatte, erschien diese kleinwüchsige junge Frau erneut, wobei sie in beiden Händen ein mit einem Deckel verschlossenes und mit einer rosafarbenen Flüssigkeit gefülltes Glas hielt. Sie grüßte mich mit einem Lächeln, wie ich es auch auf den Gesichtern vieler Buddhastatuen gesehen hatte. Die «Bhikkhuni» genannten Orden für weibliche Mönche, die bis auf die Zeit Buddhas zurückgingen, waren schon vor Jahrhunderten ausgestorben; die Nonne trug die neuzeitliche Bezeichnung einer «Mae-chee», und sie half im Wat beim Kochen, in der Wirtschaft, bei der Blumenpflege und bei der Bedienung von Laien, die wie ich zum Wat gekommen waren, um dort zu studieren. Ich hörte später, daß man sich in Thailand bemüht, den Status der Nonnen zu verbessern.

Gewöhnlich mußte ich auf den Vortragenden einige Minuten warten, da dieser noch seine anderen Arbeiten beenden wollte, wozu auch die Betreuung von zwei jungen Leuten gehörte, die Pali-Gesänge auf Tonband aufnahmen. Ich liebte diese Minuten des Alleinseins. Diese Gesänge in Pali, der alten indischen Sprache der buddhistischen Schriften, erklangen zusammen mit dem volltönenden Dröhnen der Kesselpauken. Während ich wartete, dachte ich häufig über Buddha nach. Es war anregend und dennoch schwierig, zu bedenken, daß Buddha ein Mensch war – kein Gott, Schöpfer oder Richter. Er war ein weiser Mann, der den Dingen auf den Grund ging. Es war eine Freude zu wissen, daß der große Lehrer Buddha, der vor über 2500 Jahren gelebt hatte, nicht seinen Zorn auf mich oder ein anderes Wesen schleudern konnte, da er nur ein Mensch war. Er würde mich wegen böser Taten nicht bestrafen; er würde mich aber auch nicht erretten. Solche Machtvollkommenheiten hatte Buddha nicht. Der Himmel könnte sich nicht einschalten, weshalb auch Gebete zu Buddha zwecklos wären. Ich brauchte auf nichts zu verzichten, um seine Lehren zu befolgen oder um von seiner Meditation zu lernen. Buddhas Lehren waren ein Pfad, dem zu folgen war. Es ist überliefert, Buddha habe immer wieder betont, man solle seine Lehren nicht mit blindem Glauben befolgen, sondern mit Verstand prüfen.

Wenn ich über diese Zusammenhänge nachdachte, dann schien es mir, als würde ein Gefühl der Freiheit mein ganzes Wesen durchdringen.

Ich war für mich selbst verantwortlich. Dies waren angenehme Dinge, über die nachzudenken es sich lohnte. Dennoch wußte ich, daß viele Buddhisten ihren Buddha als Gottheit verstanden, der in Ritualen, Zeremonien und Bildnissen verehrt wurde. Diese Gefolgsleute hatten vergessen, daß er ein Mensch war, ein Lehrer, der durch seine Weisheit vollkommen wurde – eine Weisheit, die angeblich jedes Wesen erringen konnte.
Wenn der Vortragende, ein Thailänder mittleren Alters, der Jahre mit dem Studium buddhistischer Schriften verbracht hatte, schließlich den Raum betrat, dann saß ich ihm gewöhnlich gegenüber vor meinem kleinen Pult – eine eifrige Studentin, die mit Notizbuch und Stift in der Hand bereit war, sich Aufzeichnungen zu machen. Zusammen mit diesem rundgesichtigen, intelligenten Mann ging ich dann weit in die Vergangenheit zurück, um über die Lehren jenes indischen Prinzen nachzudenken, der nach Jahren der Kontemplation, der Entsagung und der Selbsterforschung zu einem Verständnis des Wesens des Menschenlebens gelangte. Aus diesen Erkenntnissen heraus formulierte er Lehren, die zugleich zu einer Philosophie und zu einem Sittenkodex wurden – zu einer Art der Lebensführung.

Zunächst war es für mich sehr schwierig, die Darlegung des Vortragenden zu verstehen, die Ergebnisse zurückliegender Taten des Menschen könnten seine Wiedergeburt in eine der einunddreißig verschiedenen Regionen oder Welten veranlassen. Er sagte mir, der Mensch könne einige dieser einunddreißig Formen des Lebens sehen – zum Beispiel das Tierreich, das Insektenreich und das Menschenreich; es gebe aber andere Lebensbereiche, die der Mensch nicht sehen könne.

Der Lehrer erklärte weiterhin, daß Menschenwesen als die Standardform betrachtet werden, wobei es vier niedrigere und sechsundzwanzig höhere Formen gebe. Manchmal würden es die Wesen aus dem Reich der Dämonen und Geister dem Menschen gestatten, sie zu sehen. Verschiedene Formen von Wesen existierten in Welten, die für jene reserviert seien, die einen höheren Grad geistiger Entwicklung erreicht hätten. Die Eliteklasse jener Wesen, die der Thailänder als die «Phroom»-Klasse bezeichnete, ist ein historischer Hinweis auf Bhrahama, einen hohen Hindu-Gott, der durch den Buddhismus nicht abgesetzt, sondern auf einen niedrigeren Status verwiesen wurde. Die Vorstellung der Existenz weiterer Welten und Bereiche faszinierte mich. Im Grunde genommen erschien mir dies als der Zusammenhang, in den manche Buddhisten die Existenz weiterer Religionen stellten.
Die Gelassenheit, mit der die Buddhisten anderen Religionen gegenüberstehen, nahm mich gefangen. Für sie stellt sich nicht die Frage, ob es nur einen Gott gebe, denn für sie gibt es keinen Urschöpfer oder Zerstörer als Gott. Weder ein Jesus noch ein Mohammed droht ihnen mit Strafe.
Manche Thais begreifen dies offenbar so, daß diese großen Männer hochentwickelt waren im Hinblick auf ihr Kamma und daß sie das Leben in der Welt des Phroom kennenlernten. Jesus und Mohammed waren gute und weise Männer, doch jenseits ihres Lebens gebe es noch einen Bereich – das Nibbana, den Bereich, in dem das Leiden unbekannt ist, einen Zustand, den sie nicht kennenlernten.
Die Thai-Buddhisten glauben nicht, das die Erreichung des Phroom-Zustandes, der in literarischen Beschreibungen manchmal dem Himmel der Christenheit ähnelt, als Endziel anzusehen ist, denn selbst in diesen höchsten Be-

reichen könne es nochmals eine Wiedergeburt und weiteres Leiden geben. Erst in der Erringung des Nibbana gebe es eine Freiheit von der Wiedergeburt.
Mein Lehrer erklärte, was mit den Wesen in der Phroom-Klasse geschehe, widerfahre allen Wesen. Es gebe keine Flucht vor der Wiedergeburt bis zur Erringung des Nibbana. Alle Wesen seien in den endlosen Zyklus von Geburt und Tod einbezogen und würden immer wieder neugeboren. Würden gute Taten vollbracht, dann könne man in eine Phroom-Klasse hineingeboren werden oder in eine reiche Familie, die materiell gut dasteht. Bei geringer Mildtätigkeit oder bei bösen Taten könne das Ergebnis sein, daß man in eine arme Familie hineingeboren würde oder sogar als einfache Kreatur auf die Welt komme.
«Der Buddhismus», erklärte dieser Lehrer im Wat Sraket bei unserer ersten Begegnung, «ist eine Lebenshaltung. Wenn jedes Mitglied der Gemeinschaft die fünf Gebote des Buddhismus einhält, dann kann die Gemeinschaft in Frieden zusammenleben. Wenn niemand vergorene Flüssigkeiten trinkt, nicht stiehlt, nicht tötet, keine Unkeuschheit begeht und nicht lügt, dann würde es im Leben keine Kämpfe geben.»
«Das Leben ist ein Kampf», fuhr er fort, «weil das Leben auf dem unwiderruflichen moralischen Gesetz von Ursache und Wirkung beruht. Was auch immer wir sind, ist ein Ergebnis unserer Handlungen, Gedanken und Taten in vorhergehenden Lebensläufen. Wir sind ein Ergebnis unserer Taten. Sowohl gute als auch böse Taten haben Auswirkungen. Das Ergebnis ist leicht oder stark, je nach der Absicht, die der Tat zugrunde lag. Zum Beispiel ist beim Töten eines Moskitos die Auswirkung viel leichter als beim Töten eines Menschen. Wenn eine gute Tat gründlich geplant wurde, dann sind die guten Auswirkungen größer als

bei einer guten Tat, die nur vollbracht wurde, um eine Verpflichtung loszuwerden. Die Menschen klassifizieren sich ihren Taten entsprechend. Deshalb gibt es gesellschaftliche Klassen, sogar in kommunistischen Ländern.»

Dies alles erschien dem Lehrer so selbstverständlich und logisch, doch ich konnte nicht verstehen, wie es jemandem durch eigene Anstrengungen je gelingen könne, sich aus den Zyklen der Wiedergeburten zu befreien.

Alle diese Gedanken schienen auf einem Glauben an ein Gesetz von Ursache und Wirkung zu beruhen – an ein Gesetz, das seinem Wesen nach gerecht und unwiderruflich war. Wegen dieses Gesetzes müssen die Ergebnisse der Handlungen eines Menschen – sowohl gute als auch böse Taten – ausgelebt werden. Die Früchte der Handlungen kommen vielleicht nicht im jetzigen Leben, sondern erst in einer künftigen Lebensspanne zur Auswirkung. Doch auswirken würden sie sich in jedem Fall – das bringt das Kamma mit sich.

Ich kämpfte gegen die Denkweise meines Lehrers an, indem ich ihm gegenteilige Auswirkungen vortrug, zum Beispiel die bekannte Tatsache, daß viele Leute, die skrupellos, unaufrichtig, ungerecht und oftmals grausam sind, zu Anführern werden, die von der Öffentlichkeit geachtet werden und Reichtum erwerben. Häufig werden solche Menschen alt, sie bleiben gesund, und ihre bösen Taten werden ihnen offensichtlich nicht vergolten.

Als überzeugtem Theravada-Buddhisten schien sein Glaube an dieses gerechte Gesetz unbezwingbar zu sein. Um seine Meinung zu veranschaulichen, verwendete er Beispiele aus der amerikanischen Geschichte:

«Präsident Kennedy erlitt sein schreckliches Unglück wegen einer bösen Tat, deren Begehung vielleicht hunderttausend Lebenszeiten zurückliegt. Und der Ölmillionär

Rockefeller empfing das Ergebnis guter Taten, die in früheren Lebensläufen vollbracht wurden.»

Oftmals dachte ich über diese angeblich unwiderrufliche Grundregel der Gerechtigkeit nach, was mich veranlaßte, in mein Notizbuch zu schreiben:

Ist dieses unwiderrufliche Gesetz von Ursache und Wirkung nicht logischer als der Glaube, daß ein Mensch – ein böser Mensch, sogar ein Schuft, Mörder, Betrüger oder Sklavenhalter, der zur eigenen Bereicherung absichtlich anderen Schaden zufügt – nach allen seinen Untaten «errettet» werden kann, was bedeutet, daß seine früheren bösen Handlungen verschwinden, so als seien sie nie geschehen?

Mein Lehrer wies auf einen weiteren Zusammenhang hin: «Um die Lehren Buddhas zu begreifen, braucht man lange Zeit, denn man muß versuchen, sie richtig zu verstehen. Sie müssen sich klar darüber werden, daß alle Wesen oder Dinge eine gemeinsame Eigenschaft haben, sei es ein Dämon, ein Geist, ein Insekt, ein Millionär, ein Phroom, ein Berg oder ein Reich. Diese gemeinsame Eigenschaft ist ‹Anicca›, die Vergänglichkeit, ein ständiges Vergehen oder ein Wandel, die sich nicht beherrschen lassen. Durch diese Vergänglichkeit und durch die Beharrlichkeit des Menschen, diese Dinge zu mögen oder nicht zu mögen, zu begehren oder nicht zu begehren, wird das Leid und das Unglück verursacht.»

Ich konnte leicht begreifen, daß bei einem Berg durch Erosion ein ständiger Wandel des Aussehens verursacht wird. Als er jedoch erklärte, daß es wegen des ständigen Wandels auch kein konstantes «Ich» gebe, da fand ich diese Denkweise so fremdartig, daß ich große Schwierigkeiten hatte, mit seiner Meinung zurechtzukommen.

Ich grübelte darüber nach, bis ich eine plausible Erklärung von Alexander Griswald fand, und ich notierte diese Worte in mein Studienbuch:

Es (das Buddha-Dhamma) lehrt, daß kein Individuum – sei es ein Tier, ein Mensch oder ein Gott (falls es Götter gibt) – permanent ist. Jeder ist eine Zusammenfügung von Bestandteilen, wie Form, Materie und geistigen Eigenschaften; in jedem Individuum – ohne jede Ausnahme – wechselt ständig das Verhältnis der Bestandteile, es ist auch in zwei aufeinanderfolgenden Augenblicken niemals gleich. Sobald das Einzelsein, die Individualität begonnen hat, beginnt auch die Auflösung, die Desintegration. (Alexander B. Griswold, aus «King Mongkut in Perspective», in Journal Siam Society, XLV, 1957, S. 16–18.)

Nachdem das Problem der Vergänglichkeit irgendwie gelöst war, hatte ich bald mit anderen Fragen zu tun, so mit dem Leid, seinen Ursachen und seinem Aufhören.

Der Lehrer im Wat Sraket erklärte, Buddha habe gelehrt, Unzufriedenheit, Unglück und Leid seien unausweichliche Lebenswahrheiten, doch es gebe einen Weg, um die Ursachen des Leids auszuschalten. Nach den Lehren Buddhas werde das Leid unter anderem verursacht durch Gier, Haß und Unkenntnis, besonders durch Unkenntnis über die Vergänglichkeit aller Dinge. Wenn diese Ursachen ausgeschaltet werden könnten, dann würde auch das Leid aufhören.

Mein Mentor erläuterte die Vorstellung, daß die Gier – unser Verlangen zu gewinnen, unser Wunsch, unser Eigenes nicht zu verlieren, unser starkes Begehren, am Leben zu hängen – den Antrieb gibt, der schließlich zu unglücklichen und mit Leid erfüllten Wiedergeburten führt. «Es ist diese Gier – dieses Verlangen und Festhalten –, die uns im Rad des Lebens festhält, so daß wir immer wiedergeboren werden. Buddha lehrte: Wenn die Ursachen, die das Leid schaffen, ausgeschaltet werden, dann sind wir aus dem Zyklus der Wiedergeburt befreit und brauchen nicht mehr zu leiden. Das Leid, das nicht mehr verursacht wird, wird es nicht mehr geben, und die Wiedergeburt wird nicht mehr vorkommen. Dann werden wir frei sein von Geburt und Tod. Das ist Freiheit, das ist Nibbana.»

Von den vielen Dingen, die mir rätselhaft erschienen, war die wohl seltsamste Vorstellung der Theravada-Begriff der Wiedergeburt. Von einigen, tatsächlich sehr wenigen Leuten hatte ich gehört, daß sie den Begriff der Wiedergeburt nicht als ein physisches Sterben und Wiedergeborenwerden erklärten, sondern als eine Wiedergeburt des menschlichen Geistes von einem Augenblick zum anderen, wodurch er zeitweilig in verschiedene Regionen gelangen könne – der Zorn könne ihn in einen höllischen Zustand katapultieren, oder die Freude könne ihn in ein Glück, ähnlich dem Phroom-Zustand, erheben. Doch es hatte den Anschein, daß die meisten Theravada-Buddhisten den Begriff der Wiedergeburt nicht als einen fluktuierenden Geisteszustand betrachteten, sondern als physische Wiedergeburt nach der Beendigung eines bestimmten Lebensablaufs. Dieser verbreitete Glaube interessierte mich am meisten.

Ich wollte wissen, was weiterlebte, nachdem der gegenwärtige Körper abgestorben war. War es die Energie? Die Energie, die von der Seele oder vom Verstand eines Menschen erzeugt wurde? Oder war es die Energie des eigentliches Lebens, die nach dem Versagen von Herz, Leber oder Pankreas fortwirkte?

Wieviel Energie kann ein Mensch oder ein lebendes Wesen überhaupt erzeugen? Wahrscheinlich eine bedeutende Menge. Aufklärungsflugzeuge der amerikanischen Armee verwenden zur Erkundung feindlicher Bewegungen Infrarot-Fotografie. Tieffliegende Maschinen können auf diese Art Konturen auf Film festhalten, die durch Hitze und Energie von Menschen und Fahrzeugen verursacht wurden und die noch Stunden nach der Weiterfahrt feststellbar sind. Die Buddhisten sprechen von einer Energie, die durch unsere Taten und Handlungen erzeugt wurde. Ist dies die gleiche Art von Energie, die fotografiert werden kann? Wie lange existiert diese Energie, nachdem der Körper gestorben ist? Meine Gedanken kreisten um die möglichen Ähnlichkeiten zwischen technologischen Entwicklungen und einer alten Glaubenshaltung, und ich sann darüber nach, ob es denkbar wäre, daß sich eine gewaltige Energiemenge in einer durch Haß oder Leidenschaft geförderten Tat entfalten könnte.

Was es wirklich ist, das über den physischen Tod eines Körpers hinaus existiert – ich konnte es nicht erfahren. Häufig wurde mir geantwortet, es sei das Kamma, das ständig bei allen Wesen bleibe und die Art ihrer nächsten Existenz bestimme.

Mir wurde allmählich auch bewußt, daß der Zeitbegriff hier eine völlig andere Ausrichtung hatte als im Westen, wo das Gefühl für die Zeit im wesentlichen auf einem menschlichen Lebensablauf von etwa siebzig Jahren beruht.

Die verbreitete Einstellung eines Amerikaners des zwanzigsten Jahrhunderts, er habe nur ein Leben zu leben und wolle es daher mit möglichst vielen Erlebnissen ausfüllen, ist für einen Buddhisten schwer zu verstehen. Er glaubt demgegenüber, er müsse noch sehr viele Lebensläufe erdulden, bevor er aus dem Rad des Lebens entlassen werde. Vielleicht ist es dieser Glaube an die Endlosigkeit der Zeit, der den Buddhisten veranlaßt, sich auf die Gegenwart zu konzentrieren.

«Wenn wir in der Gegenwart leben», erklärte der Lehrer, «können wir immer auf der Hut sein vor bösen Gedanken und bösen Taten. Indem wir ein Bewußtsein für das Leben in der Gegenwart entwickeln, können wir dazu gelangen, uns selbst zu erkennen.»

Ich spürte, daß es einen Zusammenhang gab zwischen der Vorstellung der Vergänglichkeit aller Dinge und dem Bewußtwerden der Gegenwart, doch ich konnte die Nuancen nicht begreifen. Erst später, als ich in Nordthailand meditierte, kam mir die Erkenntnis, was die Konzentration auf die Gegenwart, das Vergessen der Vergangenheit und damit die Beeinflussung der Zukunft bedeutete.

Ich grübelte über vieles nach, häufig ohne Antworten zu finden. Dann führte mich dieser Lehrer eines Tages zu einer sehr fesselnden Gedankenverbindung. Ich stimmte ihm dahingehend bei, daß der Mensch seine Welt oder Wirklichkeit durch seine fünf Sinne erkennt. Dann forderte er mich auf, darüber nachzudenken, wenn ein Mensch seine fünf Sinne in einem höheren Ausmaß entwickelt oder wenn er weitere Sinne zusätzlich entwickelt. Würde er dann seine Welt oder Wirklichkeit so sehen, wie er sie zuvor aufgefaßt hatte? Die Antwort schien mir ganz logisch zu sein... Nein! Dann folgerte er weiter: Wenn ein Mensch weitere oder mehr entwickelte Sinne hätte, könnte er dann nicht auch andere Erscheinungen begreifen, die auf andere Weise als herkömmlich erkannt werden, nämlich nicht nur durch ihre Form, ihren Klang, ihre Farbe oder durch Berührung oder Geschmack? Ich stimmte ihm zu, ohne zu wissen, wohin uns diese Logik führen würde. Dann gab er zu bedenken: Wenn dem Menschen wegen seiner beschränkten Sinne nur geringe Kontaktmöglichkeiten mit seiner Welt offenstünden, wie könnte der Mensch dann die Wirklichkeit erkennen? Wie kann der Mensch wissen, ob es ein eigenes «Ich» gibt? Ich fand darauf keine Antworten.

Diese Fragen brachten mich dazu, in mein Notizbuch einzutragen:

Wenn sich der Körper eines Einzelmenschen fortwährend physikalisch und chemisch ändert und wenn der Geist über Dinge nachdenkt, die in einem ständig fließenden Zustand sind, ist es dann nicht zweifelhaft, ob ein «Ich» als dauerhafte und konstante Identität existiert? Doch ich kann keine konkreten Gedanken über diese Zusammenhänge formulieren, und ihre Auswirkungen sind mir nicht klar. Dieser Denkweise liegt, wie ich meine, eine andere Art der Weltbetrachtung zugrunde.

Immer wieder wurde ich in den Vorlesungen und durch meine Lektüre an die Lehre Buddhas erinnert, daß das Leiden durch Anwendung der Meditation ausgeschaltet werden könne, daß man durch Entwicklung des Bewußtseins Weisheit erwerben und damit Gier, Haß und Unkenntnis ausschalten könne. Durch das Meditieren kann man die Wahrheit für sich selbst erkennen – eine Wahrheit, die im Inneren eines jeden liegen soll.

Diese Denkweise kam mir paradox vor. Wenn Buddha lehrte, es solle keinerlei Bindungen geben, auch nicht an Buddha oder an das eigene Ich, wie könnte der Mensch dann in sein Inneres blicken, um große Wahrheiten zu entdecken, wo er doch versuchen sollte, eine Bindung an das Ich auszuschalten!

Ich war gefesselt, aber auch verwirrt. Wie sollte die Meditation es mir – einem menschlichen Wesen mit fünf normalen Sinnen – ermöglichen, in mich hineinzublicken, um die Wahrheit zu finden?

Nach der Auffassung der meisten Buddhisten können Antworten nicht durch intellektuelles Analysieren oder durch Gelehrsamkeit gefunden werden, sondern durch die Meditation – das einzige Mittel, das dem Menschen wirkliche Weisheit vermitteln kann.

Der Lehrer im Wat Sraket legte eines Tages dar, der einzige Weg zur Ausschaltung der Ursachen des Leidens, besonders der Gier, die er als Hauptursache betrachtete, sei die Ausübung von Vipassana, der Innenschau-Meditation. Dies verwirrte mich um so mehr, da ich bis dahin nur die Samadhi-Meditation gekannt und ausgeübt hatte. Ich erfuhr zum erstenmal, daß es im Hinblick auf den Wert der von den Theravada-Buddhisten gelehrten Meditationsmethoden verschiedene Gesichtspunkte gab.

Mein Mentor erklärte, daß die Samadhi-Meditation als Methode zur Bewußtseinsentwicklung nur Gelassenheit bringen könnte, da hier die Technik der Entwicklung von Konzentration oder Aufgeschlossenheit angewendet würde. Doch sie könnte keine Weisheit in das Wesen der Wirklichkeit hineinbringen. Dagegen würde durch Vipassana die Innenschau entwickelt – die Erkenntnis der Wahrheit, die Einsicht in das wirkliche Wesen der Dinge. Die Ausübung von Vipassana könnte den Menschen «Panna» geben, die Weisheit, die wiederum ein Teil des Weges sei, der zum Nibbana führe.

Zu dieser Zeit war ich etwas darüber beunruhigt, daß die eine Meditationsmethode angeblich weiterreichende Auswirkungen haben sollte als die andere. Beide Methoden oder Techniken schienen mit der Entwicklung der Kräfte des Bewußtseins zu tun zu haben. Am meisten Gedanken machte ich mir jedoch darüber, wie es zu verstehen war, daß wir mit Hilfe der Meditation solche überall vorhandenen und aufreibenden menschlichen Charakterzüge wie Geiz, Haß oder Selbsttäuschung auslöschen könnten. Es schien unmöglich zu sein, doch ich kämpfte weiter, wobei ich versuchte, allen Anregungen, allen Gedanken und allen Erlebnissen gegenüber zugänglich zu bleiben. An einem Abend hatte ich dann während der Meditation im Wat Bovornives ein ungewöhnliches und gänzlich unerwartetes Erlebnis.

KAPITEL 4

«Die Menschen haben weltliche Leidenschaften,
die sie zu Selbsttäuschungen und Leiden führen.»
Bukkyo Dendo Kyoka, in: The Teaching of Buddha

Als ich an jenem Abend den freundlichen Meditationsraum im Guti des Abtes betrat, stieg mir wieder jene Mischung aus Jasmin und Räucherwerk mit dem Moschusgeruch der tropischen Luft in die Nase – ein vertrauter Duft, der mir immer mehr zusagte.

Wie gewöhnlich war es dunkel; nur die um den Altar angeordneten Kerzen erhellten die Buddhastatuen. Kleine, von Blumen umgebene Statuen ruhten auf den unteren Altarfächern, gleichsam als Gefolge des oben sitzenden, gelassen blickenden großen Buddha. Die flackernden Kerzenflammen warfen längliche Schatten; der Deckenventilator schleuderte und wirbelte parfümierte Luft durch den Raum.

Der in safranfarbene Gewänder gekleidete Abt saß in Buddhahaltung vor dem Altar. Im Kerzenlicht schienen seine braune Haut und sein Safrangewand ineinander überzugehen und sich zu erhärten, ihn gleichsam in eine vergoldete oder bronzefarbene Statue zu verwandeln.

Während ich den im Nebel des entzündeten Räucherwerks dasitzenden Abt betrachtete, dachte ich immer wieder über seine einfache Anweisung für die Meditation dieses Abends nach. «Seid eurem Meditationsthema gegenüber aufgeschlossen.» Gewöhnlich lautete die Anweisung, Aufgeschlossenheit beim Atmen zu üben, doch diesmal schien es anders zu sein. Die Bedeutung kam mir rätselhaft und unbestimmt vor.

Als ich über die möglichen Bedeutungen nachsann, dachte ich an den Mönch Buddhadasa, der Schriften über die Meditation verfaßt hatte. Buddhadasa schrieb über die Möglichkeit, über Themen zu meditieren, die sich aus Charakterzügen eines bestimmten Meditierenden ableiten lassen. Vielleicht bezog sich der Abt auf einen solchen Zusammenhang.

Ich erinnerte mich an Buddhadasas Schriften über die Charaktertypen oder die verschiedenen Temperamente. Über die einzelnen Typen hatte ich mir bereits Gedanken gemacht und sie daher in meinem Notizbuch verzeichnet: Er nannte genußsüchtige, haßerfüllte, dumme, blind gläubige, intelligente und nachdenkliche Typen.

Buddhadasa glaubte, ein Mensch, der ernsthaft meditieren wolle, müsse zunächst sein eigenes Wesen und die Art seines Zusammenwirkens mit der Umwelt verstehen. In den zurückliegenden Tagen hatte ich über seine Charakteranalysen nachgedacht und für meine Person so entschieden. Genußsüchtig war ich nicht; dumm war ich eigentlich nicht; gläubig überhaupt nicht; nachdenklich vielleicht nicht; vielleicht war ich intelligent, doch haßerfüllt konnte ich durchaus sein. Er warnte die Meditierenden, bei ihrer Eigenbewertung vorsichtig zu sein, denn Selbsttäuschungen könnten jederzeit vorkommen. Dem stimmte ich zu, doch ich wußte, daß ich die Fähigkeit zu hassen besaß. Ich konnte in solchem Ausmaß hassen, daß ich davon rasende Kopfschmerzen bekam oder daß es mir fast die Kehle abschnürte.

In mein Notizbuch hatte ich seine Beschreibung des hassenden Charaktertyps abgeschrieben und seine Ratschläge darüber, was dieser Typ tun könnte, um diesen Wesenszug zu überwinden:

Der hassende Charaktertyp: Dies ist der Mensch, der leicht zornig wird, der reizbar ist und der sich leicht und ohne Grund aufregt. Die für diesen Typ empfehlenswerte Umgebung ist das genaue Gegenstück zu jener, die dem genußsüchtigen Typ zustatten kommt. Es ist zu empfehlen, daß der Mensch, der einen hassenden Charaktertyp besitzt, in einer Umgebung lebt, die sauber, ordentlich, schön und für das Auge angenehm ist. Seine Wohnung sollte immer völlig aufgeräumt und frei von Dingen sein, die ihn stören könnten. Seine Kleidung sollte von guter Qualität und angenehmer Farbe sein, gut ausgelüftet sein und aus glattem, hochwertigem Material. Wenn er ein «Bhikkhu» ist, sollte er sich Almosen in einem Dorf holen, das sehr sauber und ordentlich ist und wo die Leute kultiviert und wohlgesittet sind. Die Umgebung, in der er lebt, sollte in keiner Weise bedrückend sein, sondern sauber, ordentlich und aufgeräumt. Er sollte mehr Zeit im Sitzen und Liegen verbringen als im Stehen und Gehen. Seine Belange sollten in der genannten Art geregelt werden. Was die Farbe anlangt, sollte er Dunkelgrün bevorzugen, die am wenigsten anregende Farbe.
(Buddhadasa, aus «Anapanasati», S. 29.)

Während ich in der wohlriechenden Stille dasaß, kam ich zu dem Entschluß, eines Tages über den Haß zu meditieren, doch ich wußte noch nicht, auf welche Weise. Zu einem geeigneten Zeitpunkt wollte ich mich erkundigen, wie man an eine solche Meditationsaufgabe herangehen konnte. Doch jetzt wollte ich meditieren, und da ich nur die Meditation der Aufgeschlossenheit beim Atmen kannte, begann ich einzuatmen und auszuatmen.

Als ich mehr und mehr meiner Atmung bewußt wurde, schien mein Bewußtsein als Energiemasse irgendwo vor meiner Nase eine Form anzunehmen. Dann dehnten sich flackernde blaue Schatten bis zur Unendlichkeit aus. Schöne Blautöne, psychedelische Erscheinungen, wirbelten und schwankten in einer Vielzahl von Schattierungen von Purpur bis Meergrün. Dann ließ das Flackern nach, und inmitten der Bläue erschien weit, weit weg ein dunkler Punkt – ein winziges Loch in der Unendlichkeit. Während ich mein Atmen fortsetzte, wurde der winzige Fleck größer und größer, wobei er stets eine etwa runde Form beibehielt.

Schließlich begann der dunkle Punkt, der wie ein Loch aussah und doch kein Loch war, wie ein Herz zu pulsieren. Dann fing er an, zusammen mit meinem Herzen zu schlagen. Mit jedem Herzschlag wurde er allmählich größer. Ein phosphoreszierender Lichtschein wurde sichtbar und erglühte hell im pulsierenden Rhythmus.

Der dunkle, jetzt etwas grau wirkende Kreis war nicht mehr nur ein Kreis; er war ein Herz. Während er größer wurde, vergrößerten sich mit jedem Schlag auch die strahlenden Follikel, die ihn umgaben.

Während sich mein Bewußtsein dem glühenden, schlagenden Herzen zuwandte, explodierte es in einen Lichtball von Farben. Da ich wußte, daß ich Erscheinungen und Farben nicht beachten sollte, konzentrierte ich mich wieder mehr auf meine Atmung und holte tief Luft. Nach wiederholten Explosionen sanken und tropften die glühenden Teile schließlich von oben herab und bildeten eine Form – eine Form, die zu Arterien eines Herzens wurden. Die kaskadenartig herabstürzenden Farben verschwanden; die schimmernden Blautöne verwandelten sich in Braun.

Ein braunes Loch erschien, das dem Fleck in der Unendlichkeit ähnelte, jedoch diesmal dunkler und größer war. Es wuchs und wurde schließlich zum Inneren eines Herzens. Das Herz war offen – das obere Viertel war abgeschnitten und gab das Innere frei. Inmitten des graubraunen Herzens erschien ein braunes Loch mit dunklem, schleimigem Inhalt. Das Herz versuchte zu schlagen, konnte sich aber nicht bewegen. Das Loch schien den Druck des gegen seine Seiten pressenden Schleims nicht aushalten zu können. Es schien, als werde das Herz zerstört, wenn der schleimige Inhalt nicht entweichen konnte. Das verstopfte Herz wand sich in Zuckungen, die Geburtswehen ähnelten.

Die Zuckungen wurden stärker. Wie ein großer Schwall ergossen sich die schleimigen Absonderungen aus dem Loch heraus und verströmten über eine riesige Fläche. Der Schleim floß bis in die Unendlichkeit, und das Loch, das jetzt von der Verstopfung befreit war, wurde zu einer normalen Herzkammer und begann zu schlagen wie ein normales Herz. Es schien zusammen mit meinem Herzen zu schlagen, und dennoch war es ein ganz andersartiges Herz als das meine. Ich konnte nicht sagen, ob es mein Herz war oder nicht, aber es war ein menschliches Herz. Ich fühlte keine Erregung und keine Bindung an das Herz, obwohl ich sehr daran interessiert war. Zugleich war ich des Einatmens und Ausatmens bewußt.

An einer bestimmten Stelle nahm das pulsierende Herz eine blaue Farbtönung an. Dann veschmolz es mit der Mischung aus lebhaften Blau- und Purpurfarben, die in immer kleiner werdenden konzentrischen Kreisen um einen winzigen Lichtfleck in der Unendlichkeit herumwirbelten.

Auf geheimnisvolle und offenbar unkontrollierbare Weise geht die Meditation zu Ende. An jenem Abend hatte ich den lebhaften Wunsch, an den beruhigenden blauen Farben festzuhalten. Ich versuchte, mich an das Atmen zu klammern, doch es ließ sich nicht bezwingen, und schließlich öffnete ich langsam die Augen. Der Abt war schon weggegangen. Zwei Meditierende saßen noch im matten Kerzenlicht auf den safranfarbenen Teppichen. Ich wollte mich nicht bewegen. Ich kam mir wie befreit vor. Während ich still dasaß, hatte ich ein schwebendes Gefühl, eine völlige Loslösung von allem. Das Gefühl war schwach und dennoch eindringlich – jedenfalls war es ein neues Gefühl. Ich dachte über den Abend nach. Mein Bewußtsein wanderte hin und her, einmal zu meinem Verlangen, über den Haß zu meditieren, dann zu der üblichen Aufgeschlossenheit beim Atmen und schließlich zu diesem andauernden Gefühl der Befreiung.

Dann dachte ich flüchtig an jenen Mann, dessen Name allein schon ein Haßgefühl in mir auslösen konnte, doch es gab keine Reaktion, keine Haßempfindung. Ich dachte nochmals und diesmal etwas länger an ihn, und wieder gab es keine Reaktion. Wiederum dachte ich an ihn und an das Böse, das er mir und anderen unschuldigen Menschen zugefügt hatte, um sich selbst zu bereichern. Doch keine Emotion war die Folge! Überhaupt nichts!

Erst als ich außerhalb des Guti meine Sandalen anzog, spürte ich, wie schwach und matt ich war – so als hätte ich eine große Katharsis erlebt.

Langsam und nachdenklich ging ich durch den dunklen Klosterbereich des Wat Bovornives. Im schwachen nächtlichen Luftzug war das leise Läuten von Tempelglocken zu hören. Aus den Wohnungen der älteren Mönche erklangen Pali-Gesänge. Das Mondlicht verfing sich in den feinen Glasarbeiten der wie jubilierend nach oben gekehrten Dachränder.

In der Ferne konnte ich sehen, wie der Mond dem Goldenen Berg von Wat Sraket Formen und ätherische Farben verlieh. Das Mondlicht verschönerte diese erhabenen religiösen Bauwerke und projizierte eine geheimnisvolle Kunst in den Nachthimmel. Bei der Betrachtung dieser Bilder erinnerte ich mich an einen Lehrsatz Buddhas:

Das Leid wird durch Begierden verursacht, durch Zuneigung oder Abneigung. Beseitige die Begierden, die Unreinheiten des Geistes, an ihren Wurzeln, und das Leid wird aufhören.

Ich dachte wieder an den Mann, der normalerweise solche unzuträglichen Emotionen in mir wachrufen konnte, doch ich empfand jetzt keinen Haß. Ich hatte lediglich ein neutrales Gefühl. Hatte es sich jetzt an mir selbst gezeigt, was mir meine buddhistischen Lehrer immer wieder sagten – daß der Haß die Quelle manchen Leides ist und daß er durch Meditation überwunden werden kann?

Wie lange würde dieses Fehlen des Hasses andauern? Würde dieses neutrale Gefühl bis zur Rückkehr zu meinem Zimmer anhalten? Hatte ich tatsächlich über den Haß meditiert, obwohl ich nicht vermutet hatte, dazu in der Lage zu sein?

Ich war müde. Der Weg nach Hause erschien mir lang, doch stärker als meine Erschöpfung schien mir das Gefühl, frei zu sein. Wovon ich befreit war, wußte ich nicht – und dennoch war ich frei.

Wie stets nach der Meditation wollte ich nicht essen, und an diesem Abend wollte ich auch nicht trinken. Ich machte Notizen über mein Erlebnis in mein Tagebuch und ging zu Bett, gelassen und heiter in meinem neugefundenen Freiheitsgefühl, das ich nicht begreifen konnte.

KAPITEL 5

«... Es ist sicher, daß die rein physische Todesfurcht, jenes Grausen und jene äußerste Abscheu, die die Mehrzahl von uns bei dem Gedanken an den Tod erfaßt, bei den meisten Orientalen nicht vorhanden ist.»

H. Fielding Hall, in: The Soul of a People

Graue Dämmerung lag noch über der Landschaft, als mein Taxi schnell durch die Vorstadtstraßen von Bangkok fuhr. Ich war auf dem Wege zum Flugplatz, und mein Reiseziel war eine Stadt im nördlichen Thailand.

Als das Taxi sich immer mehr von den alten Stadtteilen Bangkoks am Fluß Chao Phraya entfernte – weg von einem Gebiet, in dem ich in den zurückliegenden Wochen gewohnt hatte –, blickte ich zurück und sah die Silhouette des Goldenen Berges von Wat Sraket, die sich kühn und erhaben gegen den Morgenhimmel abzeichnete. Während die Silhouette aus meinem Gesichtskreis verschwand, dachte ich über meine Erlebnisse beim Meditationsstudium im Wat Bovornives nach, über Wat Sraket, wo ich mich über die buddhistische Philosophie informierte, und ich erinnerte mich auch an die vielen Gespräche mit buddhistischen Freunden. Obwohl mir Enttäuschungen und manchmal sogar Ängste nicht erspart geblieben waren, war es im ganzen ein schönes Erlebnis – geheimnisvoll, erfreulich und besinnlich.

Ich war mir bewußt, daß ich in der Welt des Theravada-Buddhismus und der Meditation nur einen winzigen Schritt vorangekommen war. Ich wollte noch mehr erfahren; doch die Begriffe, die mir beim Lesen in Connecticut als unkompliziert erschienen waren, kamen mir jetzt nicht mehr einfach vor, als ich mich bemühte, sie aus eigener Sicht zu erkennen.

Mancherlei Erscheinungen, die mir anfangs unverständlich vorgekommen waren, berührten mich nicht mehr unangenehm. Ich hatte mich allmählich an das gleichmütige Verhalten der Mönche gewöhnt. Ich verstand jetzt, weshalb sich der Abt bei unserem ersten Zusammentreffen in keiner Weise für mein Blumengeschenk bedankt hatte. Ich schenkte nämlich die Blumen nicht ihm, sondern dem Wat, denn Mönche dürfen persönlich nichts besitzen. Noch wichtiger war die Vorstellung, daß ich durch das Schenken für mich selbst Verdienste erwarb. Ich hatte mich auch daran gewöhnt, von den Mönchen passiv und unbeteiligt angeblickt zu werden, wenn ich mich in Demutshaltung bedankte. Doch die Gewöhnung an den Gleichmut bei anderen war ganz etwas anderes als die Erkenntnis des Gleichmuts im eigenen Innern.

Ich wußte nicht, wie ich gleichmütig werden sollte – denn ich hegte Wünsche, empfand Zuneigung oder Abneigung, sehnte mich und spürte Verlangen. Ich kam zu dem Schluß, daß ich in Wirklichkeit all jene Eigenschaften besaß, die zu einem Leben voller Bindungen führten, daher aber auch Leid nach sich ziehen sollten.

Während ich über meine Sehnsüchte und Wünsche nachsann, erinnerte ich mich lebhaft an jenen Tag im Wat Sraket, an dem mein Lehrer betont hatte, daß Mönche weder malen noch Romane schreiben, komponieren oder Spielfilme schaffen, da dies Formen von Begehrlichkeit oder

Verlangen seien. Für mich war es schwierig zu verstehen, daß das Schreiben eines Buches eine Begehrlichkeit sein sollte, zumal die Kreativität nach westlichen Begriffen als Positivum gewertet wurde. Ich versuchte, mit ihm zu diskutieren; obwohl ich meinen Antrieb zum Schreiben als philanthropischen Charakterzug darstellen konnte, war doch der eigentliche Sinn, daß ich stets etwas «wünschte» – wenn es auch nur der Wunsch war, daß die Leute meine Bücher lesen sollten, damit sie zu ihrem eigenen Nutzen etwas über andere Weltteile erfahren konnten.

Über diese Unterhaltung mußte ich oft nachdenken, doch begreifen konnte ich den tieferen Sinn nicht. Zustimmen konnte ich allerdings der Tatsache, daß der Prozeß der Kreativität häufig Leid mit sich bringt. Dies wußte ich aus eigener Erfahrung.

Ich fragte mich weiterhin, ob ich als Amerikanerin, die in einer Umgebung und inmitten von Institutionen aufgewachsen war, die den Gleichmut kritisierten, das Engagement förderten und die Kreativität lobten, jemals eine Chance haben würde, den Gleichmut zu begreifen, der für den Buddhismus ausschlaggebend und ein Ziel der Meditation zu sein schien. Mir kam der Gedanke, es könne unwiderruflich wahr sein, daß der Osten und der Westen sich niemals zusammenfinden könnten.

Es war verwirrend, über solche Zusammenhänge nachzugrübeln. Daher verscheuchte ich diese Gedanken und konzentrierte mich auf die Gegenwart. In Chiang Mai, meinem Reiseziel in Nordthailand, gab es ein Meditationskloster mit Wohnmöglichkeiten für Frauen. In Bangkok hatte ich zwar sehr lange Zeit im Wat verbracht, doch das eigentliche Leben im Wat hatte ich kaum kennengelernt. Ich war dort eine Außenseiterin geblieben, die einige Stunden im Wat blieb und dann wegging. Ich hoffte, in Chiang

Mai die Möglichkeit zu haben, in einer religiösen Gemeinschaft zu leben. Vielleicht würde ich sogar Gelegenheit haben, am Leben im Wat direkt teilzuhaben und nicht mehr nur eine Außenseiterin zu sein.

Die kühle Morgenluft pfiff durch die offenen Fenster des Taxis und brachte den starken Duft des Jasmin-Blütenkranzes mit sich, der vom Rückspiegel des Fahrers herabhing. In den Außenbezirken von Bangkok fuhr das Taxi auf eine schmale Fahrbahn, die an einem Klong entlangführte, der von riesigen Lotosblüten gesäumt war. Die Strahlen der gerade aufgegangenen Sonne hatten bereits den Klong berührt, wodurch die Blüten sich schneller entfalteten. Die zartrosa und schneeweißen Lotosblüten, einem häufig in Tempelmotiven wiederholten Mosaik ähnelnd, bedeckten den Wasserlauf, als wären sie ein Blumenschmuck, dekoriert von einem Künstler in alten Zeiten.

Dieser Klong, einer der letzten noch sauberen und schönen Kanäle von Bangkok, erstreckte sich über mehrere Meilen an der Straße entlang. An einer Stelle standen mehrere Männer bis zu den Hüften im Wasser, um die großen ungeöffneten Lotosknospen einzusammeln, die dann auf den Märkten von den Gläubigen gekauft und den Mönchen als Geschenk dargebracht oder in den Wats vor Buddhastatuen gelegt wurden.

War es nun die kühle, von Jasmindüften durchzogene Luft, der Anblick der braunhäutigen Männer, die Blüten einsammelten, die zu den schönsten der Natur zählen, oder die erwartungsvolle Stimmung – ich spürte den impulsiven Wunsch, diesen Morgen auszukosten. Ich bat den Fahrer, möglichst langsam an diesem Klong entlangzufahren. Ich wollte mich an der Geburt dieses neuen Tages erfreuen, die so kunstvoll von Mensch und Natur eingeleitet wurde.

Allzuschnell verließ das Taxi die ruhige Straße und fuhr auf die große vierspurige Autobahn. Nach weiteren zwanzig Minuten waren wir am Flugplatz angelangt.
Als erste Passagierin dieses Fluges der Thai Airways saß ich dann allein im Freiluft-Warteraum und machte mir eine Zeitlang Tagebuchnotizen. Dann ging dieser stille Morgen zu Ende, denn eine immer größer werdende Menge Menschen, zumeist Fluggäste, sammelte sich an.
Meine Schreibarbeiten mußte ich gänzlich einstellen, als ein Stimmengewirr an mir vorüberzog. Zuerst erschien ein älterer Mönch, dem ein junger, etwa vierzehn Jahre alter Novize auf dem Fuße folgte. Hinter den beiden in Safran gewandeten Männern schritten etwa ein Dutzend Thais: schwarzgekleidete Frauen und mehrere Männer in weißen Anzügen mit schwarzen Armbinden – eine Trauergesellschaft. Die Leute nahmen auf den umliegenden Sitzen Platz, und aus ihrer Unterhaltung entnahm ich, daß der ältere Mönch aus Südthailand eingeflogen war, um den Bestattungszeremonien für ein Mitglied seiner Familie beizuwohnen. Jetzt kehrte er zusammen mit dem Novizen, seinem Diener, zurück. Da der ältere Mönch einen Novizen hatte, der ihn bediente, bedeutete dies vermutlich, daß der Mönch schon ein langes Klosterleben hinter sich hatte oder daß er der Abt eines Klosters im Süden war.
Während ich die beiden Mönche beobachtete, die ihre Bordkarten in der Hand hielten, versuchte ich mich zu erinnern, ob ich schon jemals Mönche gesehen hätte, die ein Flugzeug benutzten. Da Mönche sich nicht selbst ans Steuer setzen, benutzen sie Taxis oder Busse, oder sie lassen sich von einem Gläubigen chauffieren, der sich dadurch Verdienste erwirbt. Ich dachte auch an die Vorschrift, daß ein Mönch eine Frau nicht berühren dürfe, und fragte mich, ob die Berührungschancen in einem kleinen Flug-

zeug oder in einem starkbesetzten Bus größer sein würden. In den Bussen nehmen Mönche daher entweder auf dem breiten Rücksitz oder auf dem Vordersitz beim Fahrer Platz. Nun fragte ich mich, wo Mönche in Flugzeugen sitzen.

Aus den Worten dieser Leute, die Trauerkleidung trugen, hörte ich keine rührseligen Töne heraus. Während sie sich fröhlich über ihre Kinder, ihre Reisen oder den Ausbau des Internationalen Flughafens von Bangkok unterhielten, erkannte ich eine Stimmung oder eine Haltung, die ich schon oftmals beobachtet hatte, wenn ich Bestattungszeremonien in einem Wat beiwohnte oder die Häuser der Verstorbenen besuchte.

Diese Stimmung, die ich häufig bei buddhistischen Trauernden bemerkte, läßt sich nur schwer beschreiben. Der Tod scheint bei ihnen kein Mitleid, kein Aufbegehren, keine Trauerstimmung zu bewirken, aber auch keine heiteren Gefühle. Der Tod bringt bei ihnen eine Art Gemütslage mit sich, die zerbrechlich und weich wirkt.

Die Trauernden zeigen diese Haltung auch nach außen, doch der Tod hat bei ihnen nicht jenes Gewicht, jene Endgültigkeit wie bei Abendländern.

Während die neben mir sitzenden Leute miteinander plauderten, dachte ich darüber nach, worin sich Abendländer und Orientalen in ihren Vorstellungen vom Tode unterscheiden, und ich schrieb in mein Notizbuch:

Es stimmt nicht, daß die Südostasiaten das Leben als wertlos ansehen. Jenen Abendländern, die behaupten, das Leben sei für die Orientalen eine Nichtigkeit, möchte ich sagen, daß sie die Grundlagen des buddhistischen Glaubens nicht verstanden haben.

Der Orientale betrachtet sich und seine Welt auf andere Weise. Er sieht dem Tod und dem Sterben mit weniger physischer Furcht entgegen, da er glaubt, daß er noch viele weitere Lebensläufe vor sich hat.

Vielleicht fürchtet sich der Theravada-Buddhist besonders davor, daß er das Unglück haben könnte, einen grausamen und vorzeitigen Tod zu erleiden. Manche Leute glauben, daß ein gewaltsam, wie zum Beispiel im Krieg, bei der Geburt eines Kindes oder durch einen Unfall, herbeigeführter Tod verursachen könnte, daß die gequälte «Seele» umherschweifen müsse und aus irgendeinem Grunde unfähig sei, bald wiedergeboren zu werden.

Vielleicht ist es diese Furcht vor einem vorzeitigen Tod, die viele Thais veranlaßt, glückbringende Ketten oder Amulette zu tragen, die angeblich von jemandem – häufig einem Mönch –, der über außergewöhnliche Gaben verfügt, gesegnet worden sind.

Bei der Beobachtung aus dem Kampf zurückkehrender amerikanischer, thailändischer und laotischer Soldaten habe ich mir oft die Frage gestellt, ob der buddhistische Soldat, anstatt Furcht vor dem eigenen Tod zu haben, vielmehr von der Furcht besessen ist, einen anderen Menschen zu töten und für seine schändliche Tat in diesem und im späteren Leben unendlich büßen zu müssen. Viele Abendländer empfinden Abscheu vor dem Tod. Doch viele Glaubensrichtungen des Abendlandes unterweisen ihre Anhänger, wie sie die Todesfurcht vermeiden könnten. Durch den Trost frommer Menschen und Totenbettriten sollen die Sterbenden auf den Tod vorbereitet werden, und dennoch bleibt der Tod für viele eine Trauma von größtem Ausmaß.

Die buddhistischen Lehren konzentrieren sich auf das Leben – da Leben und Tod eine Einheit sind. Der Tod – oder der Wandel – ist nur ein Teil des Lebens. Natürlich gibt es auch bei der Verbrennung oder Bestattung eines Buddhisten Rituale, und in den Familien breitet sich Trauer aus. Da jedoch der Theravada-Buddhist glaubt, er habe noch viele – Hunderte, vielleicht sogar Hunderttausende – Lebensläufe vor sich, verspürt er beim Ablauf nur eines Lebens keine Endgültigkeit. Für den Buddhisten ist der Tod kein Trauma, sondern die Fortsetzung eines ständigen Prozesses, in dem ein Wandel von Vergehen und Entstehen herrscht und daher der Tod nicht als Finalität begriffen wird.

Den Wesensinhalt dieses Todesbegriffs besingen die Mönche bei Bestattungen: «Alle Dinge in ‹Samsara› (der Welt von Geburt und Tod) sind vergänglich. Um glücklich zu sein, darf man sich nicht binden.»

Der Flug nach Chiang Mai wurde schließlich ausgerufen, und Minuten später waren wir in der Luft, um einen

zweistündigen Flug in das Hügelland von Nordthailand anzutreten. Mein Blick folgte dem Lauf des Flusses Chao Phraya (was im Thailändischen Edler Herr bedeutet), der sich durch flache, braune und durch den Regenmangel geborstene Felder wand. Die Monsunregen würden die Ritzen bald wieder ausfüllen, und in wenigen Wochen würde das scheinbar unfruchtbare Land wieder mit zarten Reisschößlingen bewachsen sein.
Wenn die lebensspendenden Monsunregen die Felder und Wege überfluten, ziehen sich die Mönche, scheinbar paradoxerweise, in die Einsamkeit ihrer Wats zurück. Dies hat historische Gründe, denn die Regenperiode wurde früher als eine gefahrvolle Zeit angesehen, in der die Mönche nicht im Lande umherreisten. In der Regenzeit verstärkte sich die Bedrohung durch die Malaria. Die Thais sagen, es sei besser, wenn die Möche die zarten Reistriebe nicht zertreten könnten und wenn sie sich nicht ins überschwemmte Gelände hinauswagten, wo sie unabsichtlich Kleinlebewesen, zum Beispiel Fische, niedertrampeln könnten. Die Tötung von Lebewesen wird als verbotene Handlung angesehen. In der heutigen Zeit verlassen die Mönche während der Regenzeit ihre Wats gewöhnlich nur mit besonderer Erlaubnis, und die Klosterregeln schreiben vor, daß sie vor Eintritt der Dunkelheit zurückkehren. Man erwartet von ihnen, daß sie während dieser Jahreszeit intensiv die buddhistischen Schriften studieren und sich der Meditation widmen.

Da die Regenzeit noch mehrere Wochen entfernt war, blieb die Sicht vom Flugzeug aus gut. So versuchte ich, dem gewundenen Lauf des Flusses Chao Phraya zu folgen, um die alte Stadt Ayutthaya zu suchen, die über vierhundert Jahre lang die siamesische Hauptstadt gewesen war.

Bei Ayutthaya hatte eine der erbittertsten und bedeutsamsten Schlachten der thailändischen Geschichte stattgefunden.

Es gab so wenige unbewohnte Geländestreifen, daß ich mich fragte, ob ich neben den vielen Dörfern und Wats, die sich am Flußufer hinzogen, auch die alten Ruinen erkennen würde. Die kleinen Teakholzhäuser unterschieden sich kaum von den brachliegenden Feldern, die die Landschaft beherrschten. Im Gegensatz zu den braunen Bauernhäusern waren die über das Land verstreuten Klöster kleine farbenprächtige Burgen.

Die sonnendurchglühten Tempelgebäude, gelb, weiß und safranfarben erstrahlend und mit blauen und grünen Glasarbeiten geschmückt, drückten die Verehrung eines Volkes für seine Religion aus, denn die Erbauung von Tempeln wurde als eine der besten Formen der Erwerbung von Verdiensten angesehen. Wiederum fragte ich mich, wie es den Thailändern möglich war, so viele Wats zu erbauen und zu erhalten.

Ich hatte schon begonnen, die Wats zu zählen, als ich plötzlich Ayutthaya erkannte – große Bereiche bröckelnder Steine und riesiger Säulen, die sich wie Erkennungszeichen vorzeitlicher Raumfahrer in die Luft erstreckten. Die verlassene alte Stadt lag jetzt als stille, majestätische Ruinenstätte inmitten von Reisfeldern. Diese Ruinen waren für die Thais ständige Erinnerungsstücke an ihre Nachbarn im Westen, die Burmesen, die im achtzehnten Jahrhundert nicht nur die Hauptstadt Ayutthaya zerstört, sondern auch die historischen Schriften verbrannt und ihre religiöse Kunst entweiht hatten.

Ich versuchte, mir die im Jahre 1767 auf Ayutthaya vorstoßenden burmesischen Armeen vorzustellen, wie sie über niedrige Hügel, durch tropisches Unterholz und offene

Reisfelder zogen, ein bunter Heereszug mit Spießen bewaffneter Soldaten, mit Mahouts und riesigen Kriegselefanten – um eine Königsstadt zu belagern, in der über eine Million Menschen wohnten.
Als ich auf den breiten, träge dahinfließenden Strom mit dem vornehmen Namen blickte, dachte ich an das Leid, das an den Ufern dieses Flusses über das thailändische Volk gekommen war. Ganz besonders dachte ich daran, daß vor weniger als hundert Jahren auf dem Fluß Chao Phraya eine das Königshaus betreffende Tragödie stattgefunden hatte. Vielleicht war sie der Anlaß für eine darauffolgende Änderung in den Regeln der Hofetikette.
Noch vor hundert Jahren galt der König von Thailand als so erhaben, daß es den Untertanen nicht gestattet war, ihn anzublicken. Wenn er im Lande auf Reisen war, wurden die Leute aufgefordert, ihre Fensterläden zu schließen, denn ein zufälliger Blick auf den König konnte schwere Strafen nach sich ziehen. Wenn sich ein Untertan dem König nähern wollte, mußte er sich niederwerfen und ihm auf dem Bauch entgegenkriechen.
Im Jahre 1881, als diese strengen protokollarischen Regeln nicht nur für den König, sondern für den ganzen Hof galten, fuhr die schöne Königin Suanda, Gemahlin des Königs Chulalongkorn, auf dem Fluß Chao Phraya, als die königliche Barke kenterte. Die Königin, die gerade hochschwanger war, trieb hilflos im trüben Wasser. Während ihre Diener tatenlos zusahen, ertrank sie. Niemand wagte, sie zu berühren, denn dies war bei Todesstrafe verboten.
Heute ist es den Thailändern nicht mehr untersagt, den König oder die Königin anzublicken, doch die meisten Leute neigen den Kopf und knien nieder, wenn die Monarchen an ihnen vorübergehen. Einfache Thais brauchen sich nicht mehr vor dem König auf den Boden zu werfen,

doch viele tun es noch immer. Für die meisten Bewohner Thailands ist Bhumibol Adulyadej, der König Rama IX., ein verehrter und geliebter Herrscher.

Die Ehrerbietung, die die Thailänder ihrem König erweisen, ist eine folgerichtige Manifestation ihres Glaubens an Wiedergeburt und Kamma – eines Glaubens, der ihnen die Hoffnung gibt, daß auch sie in einem künftigen Leben ein Kamma haben könnten, das ihnen ein königliches Dasein beschert.
Während ich über die politischen Auswirkungen dieser Ehrerbietung nachsann, begann ich unbewußt, nach Osten zu blicken, hinüber nach Kambodscha, der Heimat der großen Khmer-Zivilisation, die diesen Kult gefördert hatte.
Als sich das Flugzeug Chiang Mai näherte, überflog es zunächst das Lampang-Tal, ein Tal voller grüner Gemüse- und Obstgärten, das auch in der siamesischen Geschichte eine besondere Rolle spielte. In diesen Gebirgen und Tälern begründete in der Zeit vom dreizehnten bis zum sechzehnten Jahrhundert ein unabhängiges Thai-Königreich seine Herrschaft über das ganze nördliche Thailand, die Schan-Staaten von Burma und Teile von Laos. Dieses Königreich nannte sich Lan Na Thai, das Land der Million Reisfelder. Im sechzehnten Jahrhundert eroberten dann burmesische Heere Chiang Mai, die von Mauern und Gräben umgebene Hauptstadt. In den nächsten dreihundert Jahren gab es wiederholt Kriegshandlungen. Im Gebiet von Chiang Mai hielt sich die Architektur, die handwerkliche Kunst und die Kochkunst, die von den burmesischen Landesherren eingeführt wurde.
Für die meisten Menschen im nördlichen Thailand, besonders für die Minderheiten der Bergvölker, liegt die jetzige

Hauptstadt Bangkok nicht nur sehr weit – etwa fünfhundert Meilen – entfernt, sondern sie erscheint auch im Hinblick auf Klima, Sprache und Modernisierung wie eine andere Welt. Die Menschen, die im nördlichen Thailand beheimatet sind, sprechen «Kam Muang», einen der Schan-Sprache ähnelnden Dialekt, der von den T'ai Yai, den Schan-Völkern, gesprochen wird – Verwandten der Thais, die die Schan-Staaten im nordöstlichen Burma bewohnen. Die Menschen aus dem Norden kommen oft in Verlegenheit, weil sie das in Bangkok gesprochene Thailändisch nicht beherrschen.

Meine für mich selbst veranstaltete historische Betrachtung näherte sich ihrem Ende, als die Leuchtschrift «Fasten Seat Belt» erschien. Ich nestelte an meinem Sitzgurt und entspannte mich. Was mochte mir wohl bevorstehen? Würde der Abt im Wat Muang Mang seine Erlaubnis erteilen für meinen Aufenthalt in seinem Kloster? Ich hatte gehört, daß dort nur intensive Meditation gelehrt werde, und ich wußte nicht, was es mit einem solchen Lehrstoff auf sich hatte. Was würde ich dabei zu tun haben?

Ich erinnerte mich an die Warnungen meiner thailändischen Freunde: «Sie müssen sehr vorsichtig sein. Bei intensiver Meditation kann man verrückt werden. Sie können zu weit gehen, und dann können Sie nicht mehr zurückkehren. Seien Sie vorsichtig!» Ähnliche Warnungen hatten sogar einige Mönche vorgebracht. Und dann hatte ich von dem Schicksal jenes jungen Amerikaners gehört, der in Thailand Mönch geworden war und in einem bestimmten Stadium seiner Meditationsstudien meinte, er sehe einen Mond, der ihn aufforderte, ihm zu folgen. Er folgte dem Mond und stürzte aus einem Fenster im zweiten Stockwerk.

Ich hatte auch Gerüchte über Meditierende, zumeist Ausländer, gehört, die Gewalttaten vollbracht haben sollten, die zu schweren Depressionen neigten oder andere geistige Fehlhaltungen zeigten.

Diese merkwürdigen Geschehnisse interessierten mich, und wenige Tage vor meiner Abreise aus Bangkok hatte ich Gelegenheit, einen aus dem Westen stammenden Psychiater, der selbst Mönch gewesen war, daraufhin anzusprechen.

Aufgrund seiner beruflichen Erfahrungen versicherte er mir, daß ausländische Meditierende, die – wie die Thais sagten – verrückt wurden, entweder eigene oder erblich bedingte geistige Störungen hatten oder durch körperliche Leiden, wie zum Beispiel Malaria, so geschwächt waren, daß sie auf ungewöhnliche und manchmal verzweifelte Weise reagierten.

Ich glaubte nicht, mit irgendwelchen verdrängten psychologischen Problemen zu tun zu haben, welche eine intensive Meditation an die Oberfläche hätte bringen können. Meine buddhistischen Lehrer hatten mich jedoch mehrfach darauf hingewiesen, daß es sehr schwer sei, sich selbst zu beurteilen, da es oftmals Selbsttäuschungen gebe, die Verwirrung stiften.

Mein Bekannter, der Psychiater, hatte mich in meiner eigenen Auffassung bestärkt, daß man bei fortgeschrittener Meditation gute Resultate nur dann erzielen könne, wenn man über den Rat eines kompetenten Meditationslehrers verfügen kann. Es wäre mir auch als töricht erschienen, zu versuchen, über ein bestimmtes Stadium hinaus sich selbst die Meditation zu lehren. Später kam ich zu dem Ergebnis, daß man für die intensive Meditation nicht nur zu allen Zeiten einen kompetenten Lehrer braucht, sondern daß dieser auch ein Mensch sein muß, zu dem der Meditierende Vertrauen hat und den er respektiert.

Doch soweit war es noch nicht. Als das Flugzeug landete, spürte ich, daß meine Handflächen feucht waren. Dies rührte jedoch nicht von einer Flugangst her, sondern von der Ungewißheit über die vor mir liegenden Ereignisse. Als die Maschine ausrollte und die Hitze schnell in die kleine Kabine eindrang, las ich noch einmal die Worte, die ich in mein Notizbuch eingetragen hatte:

Kamma – Ist so etwas möglich? Ist es die Entfaltung meines Kamma, die mich hierher gebracht hat, halb um den Erdball herum, auf der Suche nach einem Verständnis für den Buddhismus?
Intensive Meditation – Reise in das Unbekannte. Wohin kann sie mich führen? Über den Tod hinaus, zu Geistesstörungen oder vielleicht zu einer gelassenen Gemütslage?

KAPITEL 6

«Sollte man Gelegenheit haben, die Innenschau-Meditation zu praktizieren, auch nur über wenige Tage, vielleicht sieben Tage lang, so wäre es von Vorteil, sie auszuüben.»
Upasika Naeb Mahairandonda, in: Entwicklung der Innenschau

Sie fummelte mit den Schlüsseln herum, um einen Schlüssel zu finden, der für die Tür zum Zimmer Nummer vier paßte. Sie war eine Mae-chee, in Weiß gekleidet und mit rasiertem Kopf. Sie ähnelte der kleinen Nonne im Wat Sraket, doch diese Frau war größer und lächelte nicht.

Nachdem sie die Tür für mich geöffnet hatte, verschwand sie. Langsam betrat ich den dunklen, stickigen Raum. Der Abt vom Wat Muang Mang hatte meinen Aufenthalt nur unter der Voraussetzung gestattet, daß ich Studentin der Vipassana-Meditation zu werden versprach, der Meditationstechnik, die in seinem Wat gelehrt wurde. Nach Erhalt der Erlaubnis hatte ich mir Zeit genommen, um mir ein paar lebensnotwendige Gegenstände zu beschaffen, und nun stand ich in einem sehr kleinen Zimmer – in meinem Zimmer in einem Wat in Nordthailand, um intensive Meditation zu erlernen.

An dem ursprünglich hellgrünen Anstrich waren Kennzeichen langen Gebrauchs zu sehen. Von der hohen Decke hing eine lange Schnur, die in einer einfachen Birne endete.

Das Mobiliar war spärlich: ein kistenartiges Bett mit einer Strohmatte darauf, ein sehr niedriger, kleiner Tisch, offenbar schon vor Jahren angefertigt und roh behauen, und ein alter rostiger Klappstuhl.

An den beiden mit Läden verschlossenen Fenstern hingen Nylonvorhänge, die einstmals weiß waren; dünn und staubig und von einer Schmutzschicht überzogen waren sie jetzt. In zwei kleinen braunen Vasen waren die Überreste von Blumen, welk und tot mit Ausnahme einer lachsfarbenen Rose. Neben der Vase stand ein Zinnkrug mit teilweise angebrannten Räucherstäben, einem Päckchen mit Zahnstochern und einer kleinen Streichholzschachtel.

In der Ecke neben der Tür stand ein Strohbesen, ein mit schmutzigen Lappen gefüllter Blecheimer und ein mit bunten Blumen fröhlich dekorierter Spucknapf.

Als nächstes erkundete ich die kleine Nische gegenüber dem Bett. Dies sollte das «Badezimmer» sein. Sie enthielt einen großen braunen Wasserkrug, ein kleines Waschbekken und eine Toilette im landesüblichen Stil, die man benutzt, indem man sich über ein Loch im Boden hockt und dann spült, indem man Wasser hineinschüttet. Ich probierte den Wasserhahn am Waschbecken aus; er funktionierte nicht. Im Halbdunkel sah ich mehrere Kakerlaken die Toilette hinunterkrabbeln, und ein strenger Geruch stieg mir in die Nase.

Im Zimmer war es schwül und stickig, und ich schwitzte am ganzen Körper, als ich begann, meine wenigen Habseligkeiten einzuordnen: Handtücher, Seife, Kerzen, eine Tasse, Insektenspray, Taschenlampe, Luftmatratze, zwei Bettücher für die kühlen Stunden des frühen Morgens, Bücher über den Buddhismus, eine Anzahl Bananen und eine Thermosflasche mit abgekochtem Wasser. In den meisten Wats hält man sich das Trinkwasser in offenen, irdenen Fässern, die Regentonnen ähneln. Das Wasser in diesem Wat war vermutlich trinkbar, aber genau wußte ich es nicht. Das Vipassana-Studium war möglicherweise eine aufreibende Aufgabe, und einen Anfall von Ruhr konnte ich am allerwenigstens gebrauchen.

Nachdem meine Sachen eingeräumt waren, sah ich mich in meinem Zimmer um und erinnerte mich an die Empfehlung des Mönchs im Hinblick auf die Umgebung, in der ein zum Hassen neigender Mensch wie ich wohnen sollte, um dort zu meditieren: Sie sollte sauber, angenehm und frei von störenden Faktoren sein. Eine Panik überkam mich, und ich meinte, in einem solchen Raum auf keinen Fall wohnen zu können. Doch meine Zweifel vergingen allmählich, als ich mir darüber klar wurde, einen besonderen Erfolg errungen zu haben, um den ich mich Jahre hindurch bemüht hatte. Ich wohnte endlich in einem buddhistischen Wat, hatte meine eigene Zelle und konnte mit dem Studium der Vipassana-Meditation beginnen.

Ein wenig ärgerlich auf mich selbst, da ich um das eigene «Ich» so besorgt war, ging ich hinaus, um die schweren hölzernen Fensterläden zu öffnen. Als ich sie aufhakte, hörte ich schlürfende Schritte. Ich drehte mich um und sah eine alte, bucklige Frau, die auf mich zukam.

Sie fragte mich auf thailändisch, wie es mir gehe. Ich antwortete, es gehe mir gut, und stellte ihr die gleiche Frage. Ihr ging es auch gut, und daraufhin blickten wir uns eine Weile an. Sie kam näher heran und musterte mich prüfend; offenbar konnte sie nicht gut sehen. Nach einigen Minuten eingehender Inspektion schlürfte sie zur Ecke der Vorhalle, um dort einen ganzen Mundvoll roten Betelnußsaftes auszuspucken, der auf dem Boden eine dunkelrote Pfütze bildete. Nach dem Ausspucken kehrte sie zurück, um mich weiter zu studieren. Schließlich fragte sie mich, ob ich gekommen sei, um Vipassana zu studieren. Als ich dies bejahte, öffnete sie ihre vom Betelnußsaft geröteten Lippen zu einem warmen Lächeln, das Freundschaft andeuten sollte und vom jahrelangen Kauen von Betelnüssen geschwärzte Zähne enthüllte.

Ich wollte nicht ständig neben meinem Fenster stehen und setzte mich daher auf die Kante der Veranda. Sie kam mir nach, stellte sich vor mich hin und murmelte wiederholt: «Sehr heiß, nicht wahr?» Jedesmal nickte ich zustimmend. Nach einiger Zeit drehte sie sich abrupt um und schlürfte zum Zimmer Nummer eins, in dem sie verschwand.

Ich kehrte zu meinem Zimmer zurück und faltete das Bettzeug zu einem Kissen zusammen, auf das ich mich setzen konnte, wenn ich auf dem Kastenbett Platz nahm. Mir kam die Hitze erträglicher vor, als ich ganz still dasaß.

Kaum hatte ich es mir bequem gemacht, als ich spürte, daß ich beobachtet wurde. Ich blickte vorsichtig zum Fenster hin und sah, daß ein Gesicht mich anstarrte. Als ich einen thailändischen Begrüßungsruf aussprach, lächelte das Gesicht und verschwand. Nach wenigen Minuten erschien ein weiteres Gesicht neben dem schmutzigen Vorhang. Ich wiederholte den Begrüßungsruf, und wiederum verschwand das Gesicht. Dieses Mal ging ich nahe ans Fenster heran, um nachzusehen, wer dort war. Ich konnte noch erkennen, daß eine Person in weißer Kleidung und mit rasiertem Kopf langsam weiterging. Natürlich! Die Maechee, meine Nachbarinnen, wollten sich die Farang-Frau ansehen, die in ihren Wohnbereich eingezogen war.

Die bucklige alte Frau hatte die Nachricht schnell verbreitet. Bald erschienen noch weitere Gesichter, die alle neugierig durch mein Fenster blickten. Auch ein paar kleine Kinder kamen, die sich gegenseitig hochhoben, um die fremde Frau sehen zu können.

Ich lächelte und legte den Kopf an die Wand, um auszuruhen. Ich war sehr müde. Vermutlich war dies die Reaktion auf meine neue Umgebung, in der mich so viel Unbekanntes erwartete. Während ich in der großen Hitze dasaß, überkamen mich Wellen des Unbehagens, als ich über die vor mir liegenden Tage nachsann. Hier war ich in einem Wat, um Vipassana-Meditation zu praktizieren, über die ich noch gar keine Vorstellungen hatte. Ich kannte kaum das Wort. Der Lehrer im Wat Sraket hatte es gebraucht, als er erklärte, die Ausübung von Vipassana sei der einzige Weg zum Nibbana – der einzige Weg zur Weisheit.

Mein Leben würde hier ganz anders verlaufen. Ich würde nicht nur einige Stunden im Wat studieren und dann wieder in meine vertraute Umgebung zurückkehren. Die gleiche schleichende Angst, die ich zu Anfang im Wat Bovornives kennengelernt hatte, begann auch hier, mich zu verfolgen.

Zweifellos wurde von mir erwartet, daß ich mich in die im Wat übliche Routine einfügte. Doch was war diese Routine? Wo gab es etwas zu essen? Durfte ich im Wat frei herumlaufen, oder waren Teile davon, wo die Mönche wohnten, für Frauen verbotene Bereiche? Durfte ich als Frau in alle Gebäude gehen, oder waren manche davon nur den Männern vorbehalten? Ich wußte mir keine Antwort darauf. Wen hätte ich auch fragen sollen?

Um mich selbst zu beruhigen, dachte ich daran, Aufgeschlossenheit beim Atmen zu üben, doch ich wußte, daß ich diese Schlacht verlieren würde. So blieb ich auf dem Bett sitzen und versuchte, mich von der drückenden Hitze nicht beeindrucken zu lassen. Dann dachte ich an mein erstes Zusammentreffen mit dem Abt, das am Vortag stattgefunden hatte.

Als ich mich dem Guti des Abtes näherte, sah ich ihn, wie er in Halb-Lotosstellung auf einem Podest des äußeren Zimmers seiner bescheidenen zweizimmerigen Wohnung saß und aus einem schmalen roten Buch aus Palmblättern in buddhistischen Schriften las. Er war ein recht kräftiger Mann, ungewöhnlich für einen Thai, und etwa fünfzig Jahre alt. Ich sah, daß er kahl war, mit Ausnahme eines spärlichen schwarzen Haarkranzes. Ich merkte mir sein Aussehen; so war es leichter, den Abt von den anderen Mönchen zu unterscheiden. Da alle Mönche, unabhängig von ihrem jeweiligen Rang im Kloster, zweimal monatlich Kopf und Augenbrauen rasieren, ihre Safrangewänder in gleicher Art tragen und sogar auf die gleiche Weise schreiten, wie es in den mönchischen Regeln vorgeschrieben ist, fiel es mir oftmals schwer, sie voneinander zu unterscheiden.
Glücklicherweise befand sich im Wat um diese Zeit ein etwa zwanzigjähriger, bebrillter Novize für einige Tage zu Besuch, der englisch sprach und als Dolmetscher für mich tätig werden konnte. Der Abt verstand nicht Englisch, und obwohl ich etwas Thailändisch sprechen konnte, genügten meine Kenntnisse nicht, um philosophische Themen zu diskutieren. Ich traute mir auch nicht zu, mit einem so hochgestellten Menschen wie dem Abt in der Landessprache zu reden, da ich befürchtete, manche Worte falsch zu betonen, was mir peinlich gewesen wäre.
Ich erinnerte mich, daß der Abt, nachdem mich der Novize vorgestellt hatte, nichts erwiderte und mich in der gleichen Weise anblickte wie der Abt von Wat Bovornives, obwohl er weniger gleichmütig erschien. Ich dachte daran, daß mein Kleid vielleicht zu kurz sein könnte, denn eines meiner Knie war etwas zu sehen, als ich mich niederkniete. Ich war etwas verlegen. Seine braunen, weich blickenden

Augen studierten mein Gesicht und meine Hände, die ich in Demutshaltung aneinanderhielt.
Als ich jetzt an dieses kurze Zusammentreffen zurückdachte, bestärkte sich der gute Eindruck, den ich von dem Abt hatte, der höflich, mitfühlend und sehr lebhaft erschien. Ich hoffte, daß meine Bewertung auch wirklich zutraf.
Schließlich kam die Dunkelheit, und der leichte Luftzug verursachte ein unterbrochenes Läuten der Tempelglokken. In der lauen Luft hörte man die Geräusche der Vögel, die sich im dunklen Laub ihr Nachtquartier suchten, und diese Laute erschienen im harmonischen Einklang mit den gedämpften Stimmen der Mönche und Novizen, die ebenfalls ihre Vorbereitungen für die Nachtruhe trafen.
Es wäre nicht klug gewesen, das Licht einzuschalten, denn sonst hätten mich Horden von Moskitos überfallen. So saß ich auf meinem Bett und ließ die Stimmung des frühen Abends auf mich einwirken.
Diese Geruhsamkeit wurde unterbrochen durch eine Männerstimme vor meiner Tür, die meinen Namen rief. Ich machte das Licht an und ging zur Tür, vor der der Abt und der Novize standen. Der Abt fragte höflich, ob er sich überzeugen könnte, daß mein Zimmer in Ordnung war. Als ich ihm sagte, alles sei in Ordnung, stieß er die Tür auf, um selbst nachzusehen, doch er trat nicht ein – denn es war das Zimmer einer Frau.
Er sah sich um und schien zufrieden. Dann trat er von der Tür zurück und sprach leise mit dem Novizen. Der Novize blickte mich verlegen an, bevor er dolmetschte: «Der Abt möchte wissen, ob Sie die acht Gebote einhalten werden, solange Sie in diesem Wat sind.»
Ich versuchte schnell, mich an alle acht Gebote zu erinnern, konnte es aber nicht. Daher sagte ich dem wartenden

Abt, ich würde mich bemühen, sie zu befolgen. Was hätte ich auch sonst sagen können? Er lächelte kaum merklich und ging weiter.
Ich schloß die Gittertür, schaltete das Licht aus und setzte mich auf das Bett... Die acht Gebote! Wie lauteten sie doch? Mit Hilfe meiner Taschenlampe kramte ich in meinem Koffer und fand schließlich ein Buch, in dem sie verzeichnet waren. Beim Licht der kleinen Lampe las ich:

ACHT GEBOTE

Ich unterwerfe mich strengen Regeln,

1. um mich des Tötens zu enthalten, was alle Lebewesen, wie Moskito, Fliege oder rote Ameise einschließt,
2. um mich zu enthalten, etwas zu nehmen, was nicht geschenkt wurde,
3. um mich sexueller Handlungen zu enthalten,
4. um mich zu enthalten, falsch zu reden, was nicht nur das Lügen umfaßt, sondern auch die zornige Sprache, die Verleumdung und das Schwatzen,
5. um mich zu enthalten, vergorene oder destillierte Getränke zu mir zu nehmen oder Drogen, die den Geist verwirren,
6. um mich zu enthalten, nach dem Mittag bis zur Dämmerung des nächsten Tages Nahrung zu mir zu nehmen,
7. um mich zu enthalten, an Festen oder Tänzen oder anderen Arten von Unterhaltung teilzunehmen,
8. um mich des Schlafens auf einem weichen oder luxuriösen Bett zu enthalten.

Während ich über die Gebote nachsann, fragte ich mich, ob es überhaupt möglich sei, alle diese einschränkenden Regeln einzuhalten. Wenn ich mich nicht einfügen konnte – würde der Abt mich dann zum Verlassen des Klosters auffordern?
Es würde nicht schwierig sein, mich sexueller Handlungen zu enthalten oder davon Abstand zu nehmen, Alkohol zu

trinken oder Drogen zu nehmen. Ich hatte auch nicht die Absicht, an irgendwelchen Unterhaltungen teilzunehmen. Dabei fragte ich mich, ob eine leichte Konversation bereits als eine Art Unterhaltung gewertet wurde.

Ich war mir nicht sicher, ob ich das Gebot verstand, das vorschrieb, nichts zu nehmen, was nicht geschenkt wurde. Ob darunter etwas anderes zu verstehen war als das offensichtliche Stehlen? Mich einer zornigen Sprechweise zu enthalten, schien mir nicht besonders schwierig. Ich befand mich unter Fremden und würde ohnehin nicht viel Redestoff haben. Ich meinte, auf die Luftmatratze verzichten zu können und auf dem Bretterbett zu schlafen. Zweifellos war es auch möglich, mit zwei Mahlzeiten am Tage, die beide vor dem Mittag eingenommen wurden, auszukommen.

Doch wie ich das Gebot des «Nicht-Tötens» handhaben sollte, wußte ich nicht. In tropischen Ländern gibt es Käfer, Spinnen, Kakerlaken und Horden weiterer Kleintiere, die für Menschen eine Plage bedeuten. Man kann jedoch mit ihnen zurechtkommen, mit Ausnahme der blutsaugenden Moskitos, die ich einfach nicht vertragen kann. Um das Tötungsverbot einzuhalten, würde ich lernen müssen, an mich zu halten und Moskitos nur zu verscheuchen, statt sie mit einem Klaps zu erschlagen. Doch was sollte ich mit den vielen Kakerlaken anfangen, die in der Toilette lebten?

Ich legte mich auf das Bretterbett, um nachzudenken. Dies war bestimmt kein weiches oder luxuriöses Bett; im Gegenteil, es war sehr hart und zunächst auch unbequem.

Ich fand keine Ruhe. Im Zimmer war es heiß, und ich fühlte mich abgespannt. Ich sann über die acht Gebote nach, und dann überlegte ich, vielleicht zum hundertsten Male, was der wirkliche Unterschied zwischen Samadhi-

und Vipassana-Meditation sein könnte. Ich war verwirrt. Wenn ich den Unterschied wirklich kennenlernen wollte, mußte ich die Vipassana-Meditation selbst praktizieren. Noch immer hatte ich die Worte des Abtes im Wat Bovornives im Ohr: «Das eigene Ich ist das große Buch.»
Der nächste Tag würde mir vielleicht mehr über Vipassana enthüllen. Doch jetzt verbrachte ich meine erste Nacht im Wat Muang Mang, allein in der Dunkelheit meiner Zelle. Ich versuchte, allen Mut zusammenzunehmen, um die Reise in die intensive Meditation zu beginnen. Ich fühlte mich ausgelaugt, einsam und hungrig. Und doch war ich erwartungsvoll – voller Erwartung auf das, was mir auf dieser Reise zur Ausschaltung des eigenen Ich zustoßen sollte.

KAPITEL 7

«Vergeßt nicht, daß wir dem Buddha Ehrerbietung erweisen,
weil er uns die Methode der Bewußtseinsentwicklung
zur Erreichung des Nibbana gezeigt hat; besonders die Anwendung
der Aufgeschlossenheit, die alle anderen Lehrer der Welt
nicht lehren konnten.»
Mahairandonda, in: Entwicklung der Innenschau

Ich wurde durch das Dröhnen eines Gongs geweckt, begleitet vom kakophonischen Geheul der Tempelhunde. Das Geheul hörte sich an, als würden die Tiere gequält. Sogar nach dem dritten und letzten Gongschlag stimmten die Hunde wieder ihre Jammerlaute an. Ich blickte auf meine Uhr: Es war vier Uhr morgens.

Ich setzte mich auf und sah aus dem Fenster. Nach kurzer Zeit zogen Mönche aus der Dunkelheit ihrer Guti in ein von Kerzenlicht erhelltes Gebäude, um zu singen. Der liebliche Gesang erfüllte den zuvor stillen Klosterhof.

Es gelang mir nicht, wieder einzuschlafen. Ich schloß die Augen und ruhte, bis das Quietschen aneinander reibender Metallteile mich wieder zum Fenster stürzen ließ. Der Fahrer einer Samlor – einer dreirädrigen, pedalgetriebenen Rikscha – bremste sein schlecht ausgerüstetes Fahrzeug in der Nähe der Wohnungen der Mönche. Er stieg ab und trug ein Paket in die Dunkelheit der Guti. Vielleicht hatte er einen Freund oder Verwandten im Wat, dem er ein Geschenk brachte, oder jemand hatte ihn beauftragt, eine Opfergabe abzuliefern.

Jetzt konnte ich beobachten, wie die Mönche und Novizen mit ihren schwarzen Almosenschüsseln, die teilweise unter ihren flatternden Gewändern verborgen waren, nacheinander und schweigend durch die Tempeltore hinauszogen. Mit niedergeschlagenen Augen und in abgemessener Weise, einen bestimmten Abstand voneinander einhaltend, schritten sie im Dämmerlicht durch die Wege und Gassen, um den Gläubigen Gelegenheit zur Wohltätigkeit zu erweisen, indem diese ihnen Nahrung für ihre Morgen- und Vormittagsmahlzeiten gaben.

Nachdem einige Mönche das Tor passiert hatten, ging ich nach draußen, um zu sehen, ob es hell genug war, um die Linien meiner Handfläche erkennen zu können. Mir schien es dafür noch zu dunkel zu sein. Man sagt, daß ein Mönch erst dann seinen Wat zum morgendlichen Almosengang verlassen soll, wenn er diese Linien erkennen kann. Jedenfalls waren sie bereits ein wenig sichtbar.

Ich setzte mich auf die Veranda und sah, wie weitere Novizen und Mönche, auch der Abt, durch das Tor verschwanden. Als ich den Eindruck hatte, daß alle Mönche den Wat verlassen hatten, ging ich zum Eingangstor.

Eigenartigerweise hatte ich bei früheren Reisen nach Chiang Mai nie vom Wat Muang Mang gehört. Es war nicht wie andere bekannte oder alte Wats auf Touristenkarten verzeichnet.

Während ich am Tor stand, konnte ich erkennen, daß das nächstliegende Haus zum Leben erwachte. Ein alter Mann stieg die Stufen von den obenliegenden Schlafräumen herab und öffnete die großen Holztüren. Dahinter war im Erdgeschoß eine kleine Schneiderwerkstatt zu erkennen. Als nächstes holte der alte Mann aus einem kleinen Holzverschlag mehrere rote Tonkrüge, um sie mit frischem Wasser zu füllen.

Ich sah ihm zu und erinnerte mich an Erzählungen von Reisenden aus früheren Zeiten, die auf solche Hilfen angewiesen waren, wenn sie Trinkwasser brauchten. Indem er Reisenden seine Hilfe anbot, konnte ein frommer Buddhist sich als wohltätig erweisen und Verdienste erwerben. Wie viele Jahre mochten wohl vergehen, bis alle diese traditionellen Stände, an denen frisches Wasser angeboten wurde, endgültig durch kommerzielle Cola-Verkaufsstände ersetzt sein würden?

Bald danach erschienen drei seiner Enkelkinder mit emaillierten Essenbehältern. Der alte Mann stellte sich zusammen mit den Kindern vor der bescheidenen Werkstatt auf, um schweigend auf einen Mönch zu warten, der sich die Almosen holte.

Nach einigen Minuten kam ein Mönch den Weg entlang und blieb vor ihnen stehen. Alle zogen sich die Sandalen aus, schritten vor und füllten Reis und etwas Soße in die Schüssel des Mönchs. Dann knieten sie gemeinsam nieder, wobei sie die Hände in Demutshaltung hielten. Sie blieben auf den Knien, bis der Mönch weggegangen war.

Ein weiterer Mönch kehrte zum Tor zurück; sein Almosensammeln für diesen Tag war offenbar beendet. Da erschien plötzlich eine Frau mittleren Alters, die einen knöchellangen Rock trug, wie er im Norden des Landes so verbreitet ist. Sie rief ihm leise etwas zu, worauf er stehenblieb. Als sie erkannte, daß noch Platz in seiner Schüssel war, rannte sie ihm entgegen. Sie trug einen Korb, der offenbar Süßigkeiten aus Reis enthielt, die in grüne Bananenblätter eingewickelt waren. Auch drei weiße Lotosknospen waren im Korb. Er nahm den Deckel von seiner Schüssel ab, während sie aus ihren Schuhen schlüpfte, bevor sie das Essen und die Blumen in seine Schüssel legte. Danach kniete sie nieder und hielt die Hände in Demutshaltung.

Er sah sie nicht an und sprach auch kein Wort mit ihr. Langsam nahm er die Blumen aus seiner Schüssel, um den Deckel wieder aufzusetzen. Dann verbarg er Blumen und Schüssel unter seinen Gewändern und wandte sich dem Tor zu.

Die Frau hatte sich als wohltätig erwiesen, indem sie dem Mönch Essen schenkte. Der Mönch hatte aber auch seinerseits eine gute Tat vollbracht, indem er der Frau zur Verfügung stand, die sich durch das Essensgeschenk Verdienste erwarb. Seine Handlungsweise war keineswegs ein Betteln.

So geschah es schon seit Jahrhunderten: Die Gläubigen stellten den Mönchen Nahrung, Medizin, Kleidung und Unterkunft zur Verfügung, und die Mönche taten das Ihre, indem sie die Lehren Buddhas verbreiteten, die Kinder unterrichteten und den Laien kluge Ratschläge gaben.

Der Mann, der Almosen gibt, könnte morgen schon selbst ein Mönch sein. Man erwartet von allen jungen Männern, daß sie für eine gewisse Zeit – ein paar Wochen, Monate oder Jahre, vielleicht aber auch ein ganzes Leben lang – ins Kloster gehen, und viele von ihnen werden während der dreimonatigen Regenzeit zu Mönchen.

Während ich den zurückkehrenden Mönchen zusah, erinnerte ich mich an einen alten Bekannten, einen thailändischen Piloten, der zu mir gesagt hatte, er könne erst nach Ableistung einer Lehrzeit als Mönch ans Heiraten denken. Er meinte, erst dann zur Ehe reif zu sein, wenn er das Leben in der Art kennengelernt hätte, wie es sich in mönchischer Disziplin darstellte.

Ich überlegte, wie viele der Mönche aus diesem Wat in ihr weltliches Leben zurückkehren würden. Aus den gleichmütigen Gesichtern dieser Männer konnte ich keine Antwort herauslesen. Offenbar war es schon immer schwieriger, ein Mönch zu werden als das Kloster zu verlassen. Die Ordination als Mönch bringt weitreichende Zeremonien mit sich, die oftmals Tage der Vorbereitung in der Familie in Anspruch nehmen. Der angehende Mönch muß außerdem nachweisen, daß er keine Schulden hat, daß er keinen familiären Verantwortlichkeiten entgeht und daß er keine Verbrechen begangen hat.

Um das Kloster zu verlassen, braucht der Mönch kaum mehr zu tun, als seinen Plan zum Ablegen der Gewänder dem Abt und den anderen Mönchen bekanntzugeben. Manchmal sind hierfür ins einzelne gehende Zeremonien vorgeschrieben. Auf die Mönche wird aber kaum Druck ausgeübt, im Kloster zu bleiben. Man geht aus freiem Willen, und es ist nicht ehrenrührig, das Mönchstum zu verlassen. An die individualistische Natur dieser Theravada-Buddhisten wurde ich wiederum erinnert.

Es war wohl besser, zu meinem Zimmer zurückzukehren, bis ich die Vorschriften von Wat Muang Mang ergründet hatte. Auf meiner Veranda sitzend, sah ich den Mönchen zu, die von ihrem Almosengang zurückkamen und zu einem Wasserhahn gingen, um ihre Füße abzuwaschen, bevor sie zur Morgenmahlzeit in ihre Guti eintraten. Am gleichen Wasserhahn sammelten sich junge Novizen und Tempeldiener, um irdene Wasserkrüge zu füllen. Um Insekten aus dem Trinkwasser herauszuhalten, gab es ein improvisiertes System, bei dem das Wasser durch drei untereinanderstehende Fässer gefiltert wurde. Es ging ziemlich langsam voran, doch die Filterung des Wassers war eine bedeutsame Maßnahme: Alle Insassen des Wat, vielleicht mit Ausnahme der jungen Tempeldiener, hatten gelobt, sich des Tötens jeglichen Lebewesens zu enthalten.

Bald hörte das geschäftige Treiben auf, und der Wat wurde wieder still. Alle waren offenbar beim Essen – nur ich nicht. Es machte mir aber nichts aus, denn ich war nicht mehr hungrig. Doch ich überlegte, wie ich an Eßbares herankommen könnte. Ich hatte zwar noch einige Bananen, die aber nicht lange reichen würden. Schließlich sagte ich mir, daß es sinnlos sein würde, sich über diese weltlichen Probleme zu viele Gedanken zu machen. Irgendwie würde schon alles geregelt werden.

So dachte ich nicht mehr an das Essen und besichtigte zum erstenmal eingehend die Klosteranlage.

Die lange Veranda vor den Wohnräumen der Frauen ähnelte dem Aussehen der Arbeiterunterkünfte auf einer Ranch in Texas – eine lange Reihe kleiner, nebeneinanderliegender Räume mit einem vorspringenden Dach über einem gemeinsamen Gang. Ich zählte sieben Räume und überlegte, wer wohl in ihnen wohnen könne.

Die kleine, kompakte Klosteranlage war einfach und sauber. Ein großes altes Gebäude, in dem offenbar die Novizen wohnten, bestand aus Teakholz, das durch Regen, Sonne und Alter eine schokoladenbraune Farbe angenommen hatte. Es erinnerte mich an die Vorlesungshalle im Wat Sraket in Bangkok, war aber nicht so geräumig. Dieses Gebäude war an einigen Stellen so schief gebaut und bucklig, daß es wie ein riesiges altes Tier wirkte. Aus den Fenstern im zweiten Stock hingen lange Bahnen von safranfarbenem Tuch, die Gewänder der Novizen, und gaben dem verwitterten Gebäude ein festliches Aussehen.

An der hohen, weißgetünchten Steinmauer, die den Klosterbereich umgab, standen mächtige Palmbäume. In der Nähe des Eingangs stand ein hochaufgeschossener «Bodhi»-Baum – unter einem solchen Baum hatte einst der indische Prinz Siddhartha Gautama gesessen, als er zur Erleuch-

tung gelangte. Der Bodhi-Baum wurde durch ein Gitter geschützt, das mit ausgeblichenen Streifen safranfarbenen Tuches geschmückt war.
Da alle Mönche offenbar mit ihrem Morgenmahl beschäftigt waren, hielt ich den Zeitpunkt für geeignet, die «Viharn» zu besichtigen, eine große Tempelhalle, wo Laien vor Buddhastatuen Andachten abhalten.
Diese Viharn schien ziemlich neu zu sein. Eine glitzernde Fassade aus blauen und grünen Glassteinen war der Hintergrund für einen großen, dreiköpfigen Elefanten, der in majestätischer Stellung die Fassade schmückte. Ich zog die Schuhe aus, bevor ich in die kühle Dunkelheit eintrat. Vor einem riesigen sitzenden Buddha flackerten Kerzen auf Altären unterhalb der Statue und warfen Licht auf Hände und Gesicht. Ich kniete auf den Strohmatten. Nachdem sich meine Augen an das Dämmerlicht gewöhnt hatten, bemerkte ich, daß die Wände mit Szenen aus den Jataka-Geschichten bemalt waren, Erzählungen von den zahlreichen Lebensläufen des Buddha. Ich sah auch, daß hinter der Buddhastatue ein Widerschein aus einer metallischen Substanz erkennbar wurde. Einen derartigen Effekt hatte ich bisher an keiner anderen Stelle gesehen. Im allgemeinen sind die Statuen einfach und erhaben und weisen nur wenige künstlerische Verzierungen auf.
Als ich aufstand, um hinauszugehen, hörte ich in einer dunklen Ecke ein eigenartiges Geräusch. Ich erstarrte vor Schreck. Woher kam das Geräusch? Ich blickte angestrengt in die Dunkelheit und erkannte die Konturen von zwei schlafenden Männern. Einer von ihnen schnarchte ein wenig. Mit einem Seufzer der Erleichterung ging ich vorsichtig an ihnen vorbei. Sicherlich handelte es sich um Reisende, die sich hier eine nächtliche Unterkunft gesucht hatten. Im allgemeinen schlafen Reisende in der «Sala»,

einer offenen Halle, die nur aus Dach und Fußboden besteht. Ich fragte mich, weshalb die Männer in der Viharn schliefen.
Ich setzte mich auf die Stufen vor dem Gebäude und war im Nu von einem Dutzend häßlicher Tempelhunde umgeben, die mich neugierig beschnüffelten. Ich versuchte, die armen Kreaturen nicht anzublicken, da die meisten von ihnen mit eitrigen Entzündungen bedeckt waren. Hin und wieder sah ich zwischen den Guti, die die Viharn im Halbkreis umgaben, safranfarbene Gewänder flattern. Dies bedeutete, daß die Mönche ihr Morgenmahl beendet hatten. Ich beschloß, in mein Zimmer zurückzukehren, um Meditation zu üben.
Bevor ich damit beginnen konnte, klopfte ein Tempeldiener leise an mein Fenster, wobei er «Khaow Tom», gekochte Reissuppe, ausrief. Ich ging an die Tür, wo er mir eine bis an den Rand mit Suppe gefüllte gelbe Emailschüssel übergab.
Gekochter Reis hat, besonders in den frühen Morgenstunden, einen besonders strengen Geruch, doch an diesem Morgen fand ich, daß er etwas besser roch als sonst. Lustlos rührte ich in der dicken Suppe. Selbst nach so vielen Jahren, die ich in Asien verbracht hatte, fiel es mir schwer, mich an ein Frühstück aus Reissuppe zu gewöhnen. Irgendwie schmecken mir Eier und Obst doch besser. Ich aß etwa die Hälfte des Reisbreis. Doch was sollte ich mit dem Rest machen? Ich konnte ihn doch nicht in meinem Zimmer stehenlassen, wo er unweigerlich eine Horde Käfer angelockt hätte. Da sah ich eine Mae-chee an meinem Zimmer vorbeigehen. Sie hielt eine Schüssel in der Hand, die leer war.
Es erschien mir lächerlich, daß ich nicht einmal wußte, wie ich einen alltäglichen Aspekt des Klosterlebens handhaben

sollte. So versuchte ich, mehr Suppe zu essen, aber es ging nicht. Da kam mir der Gedanke, den Rest des Breis einfach in der Toilette hinunterzuspülen. Als ich dabei war, den Reis wegzuschütten, fiel mir plötzlich ein, daß dies vermutlich ein offener Abfluß war, wie es so viele in Thailand gab. Vielleicht würde jemand bemerken, daß die Farang-Frau gute Nahrung wegwarf – Nahrung, die, wie ich später hörte, dem Wat für weibliche Meditierende und Novizen geschenkt wurde. Der warnende Gedanke kam mir aber zu spät.

Bald nach dem Morgenreis hörte ich raschelnde Geräusche und leise Stimmen. Als ich nach draußen blickte, sah ich, daß man überall mit Besen aus getrockneten Gräsern herumhantierte. Einige Novizen fegten fröhlich ihre Schlafräume in dem alten braunen Gebäude aus, während eine andere Gruppe den sandigen Hof säuberte. Ich ging hinaus und sah, daß alle Mae-chee schweigend ihre Zimmer und den Teil der Veranda vor den Zellen ausfegten. Ich zählte fünf weißgekleidete Mae-chee, die alte bucklige Frau, und als siebente kam ich hinzu – die Farang. So hatte ich einen Aspekt der Klosterroutine kennengelernt: Nach dem Morgenbrei kommt das Fegen an die Reihe. Ich nahm also meinen Besen zur Hand, und als ich mein Zimmer ausgefegt hatte und nach draußen ging, waren die Mae-chee bereits fertig, denn sie waren nicht mehr zu sehen.

Ich stand auf der Veranda mit dem Besen in der Hand und hoffte, irgendwo den Abt zu entdecken, doch ich sah keinen Kopf mit einem dunklen Haarkranz. Vielleicht würde auch jemand dem Abt melden, daß ich herumstand und offenbar nichts zu tun hatte. Was sollte ich überhaupt tun? Hier stand ich nun in diesem Meditierkloster, ohne zu wissen, wie ich diese neue Art von Meditation handhaben sollte.

Ich wartete auf den Abt, bis sich die meisten Mönche und Novizen in ihre Zimmer zum Studium und zur Meditation zurückgezogen hatten. Dann ging auch ich ins Haus.
Als ich mich auf meine Meditation vorbereitete, erschien es mir eigenartig, daß ich in einem Vipassana-Kloster die Samadhi-Meditation ausüben wollte. Ich wußte nicht, ob ein Beobachter feststellen konnte, welche Meditationsmethode ich verwendete. Schließlich kam ich zu der Überzeugung, daß eine solche Denkweise lächerlich sei, und begann, mich auf das Einatmen und Ausatmen zu konzentrieren. Als meine Meditation zu Ende ging, hörte ich eine Frauenstimme, die «Was macht sie da?» fragte.
Eine andere Stimme antworte leise: «Sie übt Vipassana.»
Ich wandte mich zum Fenster und sah eine der Mae-chee, die mit den Händen ihre Augen beschattete und zu mir hinblickte, um den anderen zu berichten, womit sich die Farang-Frau beschäftigte.
Diese neugierige Beobachtung amüsierte mich, doch ich mußte das Verhalten der Frauen auch so werten, daß sie sich über mich, den Neuling, Gedanken machten. Aber ich war erleichtert, daß sie dachten, ich übe Vipassana!
Erst nach der letzten Tagesmahlzeit, die etwa um elf Uhr ausgeliefert wurde, bekam ich die anderen weiblichen Meditierenden zu sehen.
Dieses Mal aß ich das ganze Gericht auf, das aus einem großen Reisberg mit etwas Fleischsoße und gekochtem grünem Gemüse bestand. Als die weißgekleideten Frauen vor meinem Zimmer vorbeigingen, schloß ich mich mit einem leeren Teller an das Schwanzende der Prozession an. Am Ende der Veranda, wo ein riesiges Wasserfaß stand, machten wir halt.
Sechs Thai-Frauen, einschließlich der buckligen Alten, hatten sich hier versammelt, um ihr Geschirr abzuwa-

schen. Drei von ihnen hatten rasierte Köpfe, die anderen nicht, doch alle fünf trugen weiße Kleidung. Die alte Frau, die, wie ich später hörte, kein eigenes Heim hatte, trug eine ausgeblichene blaue Bluse und einen abgetragenen, blaubedruckten Sarong.

Ich war froh, daß ich eine weiße Bluse und meinen hellgelben Sarong trug, was mir als angemessene Kleidung erschien.

Beim Abwaschen und Spülen unserer Blechteller erkundigten sie sich nach meinem Namen und meiner Herkunft. Sie sprachen langsam und lächelten häufig. Eine junge Mae-chee, deren feine Züge durch ihren rasierten Kopf abgeschwächt wurden, fragte mich, ob auch ich meinen Kopf rasieren wolle.

Alle blickten mich gespannt an. Zögernd erklärte ich, daß mein Haar gerade sehr kurz geschnitten wurde, etwa einen Zoll lang. Das schien ihnen jedoch nicht als Erklärung zu reichen. Also erzählte ich ihnen, meine Schwester habe mich gebeten, den Kopf nicht zu rasieren, da sie bald heiraten und bei der Hochzeit keine kahlköpfige Schwester bei sich haben wolle. Sie kicherten und stellten fürs erste ihre Fragen ein.

Ich hatte mein Haar möglichst kurz schneiden lassen, wobei ich hoffte, dies würde nicht grob gegen die Regeln verstoßen, doch ich war, falls erforderlich, auch bereit, den Kopf rasieren zu lassen. Schon bevor ich in den Wat gekommen war, hatte man mir gesagt, daß es weiblichen Meditierenden nicht gestattet sei, sich die Nägel zu lackieren, sich zu parfümieren, einen Lippenstift zu gebrauchen oder Schmuck zu tragen.

Mein Haar schien auch weiterhin Anlaß zur Neckerei zu geben, denn später rieten mir mehrere Mae-chee im Scherz, doch noch meinen Kopf rasieren zu lassen.

Für den Augenblick nahm ich mir vor, als letzte der Frauen das Geschirrspülen zu beenden, das nach meiner Auffassung für eine so einfache Arbeit viel zu lange dauerte. Ich hielt mich noch am Wasserfaß auf, um zu sehen, was sie mit ihrem Geschirr machten. Als sie weggingen, um die Teller auf ein Trockengestell auf der Veranda zu stellen, fiel mir auf, wie seltsam ihre Bewegungen waren. Eine der Frauen brauchte Minuten, um die kurze Strecke vom Spülfaß bis zu ihrem Zimmer zurückzulegen. Sie ging so langsam, als wäre sie krank oder gelähmt. Später machte ich selbst die Erfahrung, daß die Langsamkeit aller körperlichen Bewegungen eine natürliche Haltung darstellte, die man bei intensiver Meditation annahm.
In dieser Jahreszeit, die dem Monsun voranging, wurde es so heiß, daß ich das Leben fast als Qual empfand. Kaum ein Lufthauch war zu spüren, und die schwüle Luft bedrückte mich. Ich setzte mich auf den Fußboden und versuchte zu meditieren, denn ich meinte, daß die Meditation vielleicht das einzige Mittel sein könnte, um Erleichterung von der Schwüle und Hitze und von meiner wachsenden Unsicherheit zu finden. Ich fühlte mich in meiner Zelle Nummer vier im Stich gelassen und zum Schmelzen verurteilt.
Bald nach dem Gongschlag um fünf Uhr nachmittags, mit dem die Mönche zum Singen gerufen wurden, hörte ich am Fenster meinen Namen rufen. Es war der englischsprechende Novize. Natürlich durfte auch er mein Zimmer nicht betreten, und ich ging zu ihm nach draußen. Er sagte mir, daß der Abt bereit sei, mich zur ersten Unterrichtsstunde zu empfangen. Nun endlich sollte ich doch etwas über die Vipassana-Meditation erfahren!
Wir gingen gemeinsam zu den Stufen der Viharn, wo sich bereits andere Leute aufhielten, die ebenfalls mit dem Abt

sprechen wollten. Frisch gewaschen und sauber gekleidet, saßen einige der Gläubigen auf den Stufen der Viharn, in deren Glassteinen die letzten Strahlen der untergehenden Sonne aufleuchteten.

Bald erschien der Abt, und alle, die auf ihn gewartet hatten, nahmen eine tiefe Demutshaltung ein. Er gab dem Novizen und mir ein Zeichen, ihm in ein benachbartes Holzgebäude zu folgen. Das Haus war in ähnlichem Zustand wie jenes, das mir wie ein altes, buckliges Tier erschienen war. Dieses hier schien als Unterrichtsraum zu dienen. Die Einrichtung bestand aus kleinen Tischen, sehr niedrigen Holzstühlen, einer tragbaren Tafel, mehreren einfachen Glühbirnen, die von der Decke herabhingen, und zahlreichen Bildern von Mönchen und Beamten sowie des Königs und der Königin, die an den Wänden angebracht waren.

Ich setzte mich an einen der Tische, und der Abt nahm vor mir an einem anderen Tisch Platz. Der Novize ging an die Tafel, und der erste Unterricht begann.

Nach Anweisungen des Abtes schrieb der Novize verschiedene Begriffe an die Tafel, und dann dolmetschte er für mich Kurzbeschreibungen von jeder der vier Grundlagen:

VIPASSANA (Innenschau-Meditation)

Vier Grundlagen der Aufgeschlossenheit:

I. Körper (Kaya)
Genauigkeit (rechter Schritt, linker Schritt, Aufstehen, Fallen)
II. Gefühl (Vedana)
Schmerz, Krankheit, Glück, Unglück, Leiden
III. Bewußtsein (Citta)
Denken, Ruheloses Wesen
IV. Lehren (Dhamma)
Zuneigungen, Abneigungen, Müdigkeit, Ruhe, Zweifel, Erscheinungen, Bewußtwerden von Bewegungen, Vergängliches Wesen.

Nachdem der theoretische Teil des Unterrichts beendet war, den ich überhaupt nicht verstanden hatte, bat der Abt den Novizen, sich auf einen der größeren Tische zu stellen. Mit dem Novizen als Modell erklärte der Abt die ersten Schritte zur Einübung der Vipassana-Meditation.
Zunächst bat er den Novizen, sich in der bekannten Meditationshaltung niederzuhocken. Der Novize ließ sich langsam und bewußt nieder wie ein Turner, der eine langsame Gymnastik betreibt.
Dann forderte er den Novizen auf, mit seinen Händen zu demonstrieren. Sehr langsam bewegte der in Safran gekleidete junge Mann zuerst seine rechte und dann seine linke Hand von der Brust zur Stirn, dann zurück zur Brust, und schließlich senkte er jede Hand, die rechte zuerst, zum Fußboden, wobei die Außenkante der Hand zuerst den Boden berührte und dann die Handfläche abrollte.
Nachdem der Novize dies langsam mit beiden Händen demonstriert hatte, legte er seine Stirn in der Weise auf den Boden, daß sich seine Daumen zwischen den Augenbrauen zu berühren schienen. Der Novize sagte kaum etwas; er schien sich zu konzentrieren. Und ich konnte die Anweisungen des Abtes nur schwer verstehen.
Als dieser Teil der Demonstration beendet war, wandte sich der Abt mir zu und fragte mich, ob ich alles verstanden hätte. Ich hielt die Hände in respektvoller Haltung vor das Gesicht und antwortete schlicht: «Ja.» Doch in Wahrheit hatte ich noch nichts verstanden.
Während wir sprachen, wiederholte der Novize seine Handbewegungen sehr langsam und bewußt. Und als er zum drittenmal die Hände sehr langsam bewegte, wurde mir klar, was er tat. Der junge Mann demonstrierte die demütige Handbewegung, mit der die Frommen Ehrerbietung bekunden, wenn sie Mönchen begegnen oder vor

Buddhastatuen knien. Er tat dies jedoch in Einzelbewegungen, so daß man den Zusammenhang nicht gleich erkennen konnte.

Ich lernte schließlich daraus, daß die drei demütigen Handbewegungen, die mir zuvor so viele Schwierigkeiten bereitet hatten, nicht nur dem Buddha, seinen Lehren und der Mönchsgemeinde Respekt erweisen sollten, sondern daß in diesem Meditationskloster die Übung dazu bestimmt war, den Meditierenden zu lehren, sich auf seine Körperbewegungen zu konzentrieren. Für den Buddhisten war dies eine natürliche Übung, doch für mich hatte das alles, bevor ich mich näher auskannte, einen etwas bizarren Anstrich gehabt.

Diese Erkenntnis beeindruckte mich so sehr, daß ich gar nicht die Zeit fand, mir den genauen Ablauf dieser Meditationsübung zu merken.

Als nächstes bat der Abt den Novizen zu stehen, wobei er ihn ermahnte, sich des Stehens bewußt zu werden. Nachdem er sich aufrecht hingestellt hatte und geradeaus blickte, legte der Novize seine Hände auf den Rücken, die rechte über die linke. Dann hob er seinen rechten Fuß langsam und senkte ihn langsam, nur wenige Zentimeter vor seinem linken Fuß. Der Abt lehnte sich hinüber, um mit den Fingern den Abstand zwischen den beiden Füßen des Novizen abzumessen. Der Novize hatte einen etwas zu langen Schritt getan, weshalb der Abt dessen Fuß etwas zurückschob und dabei erklärte, der richtige Abstand zwischen den Füßen sei der Raum, den vier Finger einnehmen.

Nachdem seine Haltung korrigiert war, begann der Novize, ganz langsam zu schreiten. Als er sich dem Tischende näherte, schwankte er ein wenig und wäre fast gestürzt. Doch ihm gelang eine Wendung nach rechts auf einer

ganz kleinen Stelle, wobei seine Fersen geschlossen blieben. Nach Beendigung der Wendung begann er wieder, langsam und in schlangenartigen Bewegungen zu schreiten, mit dem rechten Fuß zuerst.
Der Abt wies dann sein Modell an zu sitzen, wobei er die Mahnung anschloß, sich des Sitzens bewußt zu werden. Nachdem der Novize seine Gewänder geglättet und seinen Körper in eine bequeme Lage gebracht hatte, legte er seine Hände, rechts über links, in den offenen Raum zwischen den gekreuzten Beinen. Der Abt hob dann die Gewänder des jungen Mannes hoch, um mir die richtige Stellung der Beine zu zeigen. Die rechte Ferse sollte das Schienbein des linken Beines berühren, wodurch das linke Bein nach innen hin lag.
Der Novize saß unbeweglich da; seine Augen waren geschlossen und sein Körper entspannt. Es war ein eigenartiger Anblick, ihn auf einem wackligen Tisch inmitten eines Raumes voller leerer Tische und Stühle sitzen zu sehen.
Der Abt beobachtete ihn aufmerksam und erklärte dann, daß beim Vipassana der Meditierende sich des Hebens und Senkens seines Leibes bewußt werden muß, während er atmet. Die Konzentration sollte sich ganz auf den Leib richten.
Nach einigen Minuten öffnete der Novize die Augen und kletterte vom Tisch herunter, um zu dolmetschen, was der Abt nachträglich sagte:
«Wenn Sie alle diese Übungen durchführen, müssen Sie sich konzentrieren. Wenn Sie Dinge sehen, dann denken Sie: sehen, sehen, sehen. Ihre Aufgabe für heute abend und für morgen ist es, diese Techniken zu üben. Üben Sie die Sitz- und die Geh-Meditation fünf oder zehn Minuten lang, so lange, wie Sie es für richtig halten. Bemühen Sie sich bewußt, den Fuß anzuheben und wieder zu senken,

und denken Sie beim Atmen bewußt an den Leib. Seien Sie sich jeder Bewegung, jedes Muskels, jeder Berührung bewußt – die ganze Zeit hindurch. Auch wenn Sie essen, sollen Sie sich des Schmeckens bewußt sein. Wenn Sie nicht in Ihrem Zimmer bleiben wollen, können Sie im Klosterbereich umhergehen, aber bleiben Sie ständig aufgeschlossen – bleiben Sie Ihrer Handlungen bewußt.»

Der Abt sah mir zu, als ich meine Notizen überflog, und sagte dann: «Jeden Abend zwischen fünf und sechs Uhr melden Sie sich entweder bei mir oder bei dem Mönch, der die Meditationen leitet.»

An diesem Ausspruch erkannte ich, daß meine erste Unterrichtsstunde beendet war. Ich stand auf, hielt die Hände in Demutshaltung, murmelte ein Dankeswort und verließ den Raum, um in meine Zelle zurückzukehren. Als ich durch das Klostergelände ging, eilte der Novize hinter mir her: «Achten Sie auf Ihre Schritte! Sie gehen zu schnell, um sich bewußt zu werden, was Sie tun. Beim Vipassana müssen Sie immer aufgeschlossen sein.»

Ich setzte mich auf mein Bett und ließ mich von den Schatten des Abends einhüllen, um nachdenken zu können. Durch die Kritik des Novizen war ich etwas niedergeschlagen, und der Hunger störte mich; vor allem aber wußte ich nicht, was die vier Grundlagen des Vipassana zu bedeuten hatten. Der Abt hatte diese Grundlagen so schnell behandelt, daß ich mich fragte, ob er sie für unwesentlich hielt. Dies war wohl unwahrscheinlich, aber immerhin hatte er sich mehr auf die damit zusammenhängenden körperlichen Techniken konzentriert.

Ich fühlte mich noch immer unbehaglich, denn ich wußte nicht, weshalb ich solche Schwierigkeiten hatte, philosophische Anweisungen von buddhistischen Lehrern zu begreifen. Als ich an den Unterricht zurückdachte, erinnerte ich mich, daß er mich so sorgsam und geduldig eingewiesen hatte, während draußen viele Leute auf ihn warteten. Ich gewann den Eindruck, daß er «Chai yen» besaß, ein kühles Herz – eine Eigenschaft, die von Thais sehr erstrebt wird. Und dennoch brachte er gleichzeitig Mitgefühl zum Ausdruck.

Da war ich wieder bei dem gleichen Rätsel angelangt – wie kann es ein gleichmütiges Mitgefühl geben? Ich konnte es bei anderen sehen, doch in mir selbst konnte ich es nicht erkennen.

Doch ich mußte nicht nur das Geheimnis des Gleichmuts, sondern auch die beständige Aufgeschlossenheit zu ergründen versuchen. Wie oft hatte er gesagt: «Bleiben Sie aufgeschlossen!» Was war diese Aufgeschlossenheit? Sollte man Menschen und Dinge aufmerksamer beobachten? Gerade dies war es doch, was ich gut zu beherrschen meinte, besonders als Schriftstellerin. Die buddhistische Aufgeschlossenheit schien noch etwas mehr zu bedeuten. Sollte man seiner selbst mehr bewußt werden? Doch dies konnte es doch eigentlich nicht sein, da eines der Ziele der Meditation darin besteht, die Bedeutung des «Ich» auszuschalten. Was mochte diese Aufgeschlossenheit tatsächlich zu bedeuten haben?

Als ich über die verschiedenen Möglichkeiten nachgrübelte, kam mir ein schwerwiegender Gedanke: Vielleicht setzte die Aufgeschlossenheit «Chai yen» voraus – Gleichmut? Wenn dies zutreffen sollte, dann würde ich die Aufgeschlossenheit nie erfassen.

Das Laub der Bäume warf im Mondlicht unwirkliche Schatten auf den Fußboden, während ich Geh-Meditation übte. Dann ließ ich mich langsam nieder, um es mit der Sitz-Meditation zu versuchen. Doch es blieb beim Versuch, denn es schien mir unmöglich, den Standort meiner

Konzentration zu verlegen, nämlich vom Einatmen und Ausatmen der Samadhi-Meditation zum Heben und Senken des Leibes, wie es die Vipassana-Meditation vorschreibt.

Nach längeren Bemühungen kam ich zu dem Ergebnis, daß ich nicht aufgeschlossen sein könnte und auch nicht imstande wäre, Vipassana zu üben. Ich blieb als Häuflein der Verzweiflung auf dem Fußboden hocken, bis ich mich an den weisen Ratschlag des Abtes von Wat Bovornives erinnerte: «Üben Sie Geduld, gehen Sie sanft mit Ihrem Bewußtsein um!» Also begann ich von neuem. Ich schritt, übte die Demutshaltung in langsamer Bewegung und saß da, bis das ganze Universum in Schlaf zu fallen schien. Sogar die Muster des Mondlichts auf dem Fußboden waren verschwunden.

Schließlich legte ich mich erschöpft aufs Bett. Ich war nicht mehr hungrig, denn ich hatte gelernt, daß langsam getrunkenes Wasser den Hunger unterdrücken kann. Und ich lernte auch, daß die Geduld imstande ist, die Sorge zu unterdrücken.

Ich schlief ein, wurde aber um vier Uhr durch den Gong und das Heulen der Hunde geweckt. Der Gesang der Mönche, der wie ein Raunen aus vergangenen Jahrhunderten klang, inspirierte mich, es wieder in der Vipassana-Art mit der Meditation zu versuchen.

Nach einem etwas erfolgreicheren Meditationsversuch setzte ich mich auf die Veranda, um den Mönchen zuzusehen, die im Dämmerlicht zu ihrem Almosengang durch die Tore strömten. Dann gab es Reissuppe, danach wusch ich mich selbst und spülte das Geschirr, und schließlich kam die Reinigung meiner Zelle an die Reihe. Dann folgten weitere Meditationsversuche, der Mittagsreis, weitere Meditation, unerträgliche Hitze, der Fünf-Uhr-

Gong, die Meldung beim Meditations-Mönch und noch einmal Meditation.

Bald lösten sich auch die Fragen nach den Beschränkungen, die Frauen im Wat auferlegt waren. Ich erfuhr, daß ich den Klosterbereich überall betreten durfte, mit Ausnahme des «Bot», eines kleinen Gebäudes neben der Viharn, in dem die Mönche ihre Gelübde ablegten. Natürlich betrat ich nie die Guti der Mönche, mit Ausnahme des Guti des Abtes. Es war auch nicht ratsam für eine Frau, zwischen den Guti spazierenzugehen. Wenn sich die Mönche in der Abgeschiedenheit ihrer Guti badeten oder ausruhten, konnte es geschehen, daß Beine oder Körper zu sehen waren, und die Mönche konnten dadurch in Verlegenheit kommen.
Als ich mich im Wat Muang Mang allmählich heimischer fühlte, entging ich häufig der Hitze meines Zimmers, indem ich mich auf die Veranda oder die Stufen der Viharn setzte und versuchte, aufgeschlossen zu sein.
Den ganzen Tag über kamen Männer und Frauen, Jung und Alt, zur Viharn, um Blumen oder Räucherwerk zu opfern oder um zu beten. Sie kamen leise, knieten vor dem Buddhabild und gingen wieder, ohne etwas zu sagen.
Auch viele Laien kamen und gingen, um die Ordinationszeremonien für ihre Söhne, Brüder und Enkel zu besprechen, und Kinder aus der Nachbarschaft waren zu sehen. Sie waren nicht immer still, denn sie benutzten den sandigen Hof als Spielplatz.
Dieses viele Hin und Her in einem Meditationskloster erschien mir unnatürlich und störte mich. Als ich aber dann die Mae-chee beobachtete, wie sie die Blumen pflegten und das Essen für die Tempeldiener zubereiteten, oder als ich den Mönchen bei der Erfüllung ihrer Pflichten zusah,

wie sie den Leuten Ratschläge erteilten und den Novizen die Schriften erläuterten, da erkannte ich, daß alle diese Betätigungen in abgemessenen, vornehmen Bewegungen erfolgten, begleitet von einer gelassenen Heiterkeit – oder einem Mangel an innerer Bürde.

Während ich sie beobachtete, fragte ich mich, ob ich jemals dazu gelangen würde, «Chai yen», ein kühles Herz oder die Aufgeschlossenheit zu erreichen?

Es erschien mir kaum möglich, mich einer solchen Gemütslage anzunähern.

KAPITEL 8

«Abendländer werden mit Büchern geboren; Thais werden mit Erfahrung geboren.»
Dolmetscherin im Wat Muang Mang

Und die Welt schwand dahin. Ich weiß nicht, wann oder wie es sich zutrug. Kein «Satori», keine plötzliche Erleuchtung fand statt, keine bestimmte Weisheit wurde mir von meinen Meditationslehrern eingegeben, keine mystischen Riten oder esoterischen Lehren beeinflußten mich. Doch meine Welt wandelte sich.

Ich weiß nicht, wo alles begonnen hat. Vielleicht hat es überhaupt nicht begonnen; vielleicht war alles schon in meinem Unterbewußtsein vorhanden.

Als ich in meiner Meditation vermodernden, zerfallenden menschlichen Körpern begegnete, begann ich dabei zu verstehen, daß die Vergänglichkeit alles beherrscht und unwiderruflich ist? Als einzelne Teile meines Körpers schmerzten, sich grotesk verwandelten und die ganze Energie meines Daseins in sich zu tragen schienen, begriff ich dabei erlebnismäßig, daß Schmerz und Leid das menschliche Leben beherrschen? Als ich ohne Beine einherschritt und jenseits von Raum, Zeit und der Kenntnis meiner «Selbst» umhertrieb, war das eine Einsicht in das «Anatta» – die Vorstellung, daß es kein konstantes «Ich» gibt?

Ich kann keine Schlüsse ziehen, denn immer wieder wurde

ich darauf hingewiesen, daß man sich vor Selbsttäuschungen und Fehlschlüssen hüten muß, die ständig die Fähigkeit zur Erkennung der Wahrheit beeinträchtigen.
In typisch westlicher Haltung wollte ich stets schon im voraus wissen, was mit mir in der intensiven Meditation geschehen könnte.
Ich machte mir Gedanken über meine Unfähigkeit, den Wesensinhalt des Vipassana zu begreifen. Was war er? Innenschau, sagte man mir. Innenschau wovon? Die Antworten waren unbestimmt. So sagte man mir, nur durch Vipassana könnte ich zu einem Verständnis des Dhamma, der Lehren Buddhas, gelangen. Durch Entwicklung einer Aufgeschlossenheit des Körpers, einer Aufgeschlossenheit des Gefühls und einer Aufgeschlossenheit des Bewußtseins könnte ich etwas vom Wesen geistiger Zustände erfahren und darüber, wie sie beständig und schnell entstehen und dahinschwinden – so schnell, daß sie wie permanente Gebilde erscheinen. Doch es sei eine Selbsttäuschung zu denken, geistige Zustände und geistiges Wesen wären permanent. Mir wurde gesagt, durch Vipassana würde ich dies alles erfahren. Dieses Verständnis für das Wesen der Wirklichkeit ließe sich nicht aus Büchern oder Vorlesungen erfahren; man könne es nur durch das eigene Ich, durch eigene Erlebnisse und Erkenntnisse begreifen. Nur durch die Ausübung von Vipassana könne man schließlich das Nibbana erreichen, eine Erlösung aus dem Rad des Lebens und der Wiedergeburt und damit aus dem Leiden.
Auf meine besorgten Fragen antwortete eine thailändische Krankenschwester, die oftmals für mich dolmetschte: «Sie müssen aus Erfahrungen lernen. Für Sie als Mensch aus dem Westen ist die ständige Verfolgung der Wahrheit ein Handikap. Abendländer werden mit Büchern geboren. Thais werden mit Erfahrung geboren.»

Schließlich begann ich einzusehen, daß ich nicht geduldig genug war, daß ich immer wieder begehrte, alles zu erfahren, und ein übermäßig starkes Begehren ist eine unerwünschte und unzweckmäßige Haltung. Es fiel mir schwer, zu bedenken, daß die Gegenwart bedeutungsvoller ist als die Zukunft oder die Vergangenheit. Es schien, als würde ich nie befriedigende Antworten auf meine zahlreichen bohrenden Fragen erhalten. Ich wußte, daß ich die Ratschläge jener Menschen befolgen mußte, die ein Leben lang die Geheimnisse des Mönchstums erlernt hatten. Könnte ich mich nach ihren Anweisungen richten, dann würde vielleicht auch ich die Wahrheiten erfahren, von denen sie sprachen.

Ich hörte also auf, mir über geistige Probleme Gedanken zu machen und richtete mich in meiner bescheidenen Zelle ein, in diesem einfachen Wat, in dem es nur zwei Reismahlzeiten täglich gab und in dem bereits um elf Uhr die letzte Mahlzeit des Tages gereicht wurde. Diese Routine der Meditation und der Bewußtseinsübungen erschien nach außen hin so einfach, und es gab kein Anzeichen dafür, daß noch dramatische Erlebnisse auf mich zukommen sollten.

Die geistigen Probleme hatte ich zwar beiseite geschoben, aber andere Schwierigkeiten und Ärgernisse setzten mir zu. Zur Einhaltung der acht Gebote gehörte es auch, daß ich lernen mußte, Zurückhaltung zu üben und blutsaugende Moskitos nicht zu erschlagen. Hinzu kamen die Probleme der unerträglichen Hitze, der fürchterlichen, aus der Toilette kommenden Gerüche, der lauten Motorradgeräusche und der heulenden Hunde. So unangenehm diese Störungen auch sein mochten – im Vergleich zu den furchterregenden Erscheinungen der Meditation waren sie doch unbedeutend.

Die Meditationsübungen waren anfangs relativ einfach. Die Geh-Meditation sieht zunächst vor, daß man sich der Anhebung des rechten und dann des linken Fußes bewußt wird. Im späteren Stadium richtet sich die Aufmerksamkeit auf das Anheben, Anhalten und Andrücken der Beine und Füße – um aller Muskeln und Nerven bewußt zu werden, die an den Bewegungen zur Vollendung eines Schrittes beteiligt sind. Hierbei empfand ich häufig ein Unbehagen oder einen Schmerz, auch an Stellen, die mit der Gehbewegung nichts zu tun haben.
Bei der Sitz-Meditation konzentrierte ich mich anfangs auf das Heben und Senken des Leibes. Dies hatte einen Konflikt zur Folge. Meine Konzentration schien sich nur auf das Bewußtwerden der Luft zu richten, die durch meine Nase strömte, so wie ich es im Wat Bovornives gelernt hatte. Doch eines Morgens verschob sich bei der Meditation meine Aufmerksamkeit auf das Heben und Senken des Leibes.
Als ich dann das Gehen übte, wurde mir bewußt, daß meine Beine fehlten. Der Vorgang des Gehens wurde nicht deutlich. Auch Augen, Rücken, Nacken und Herz wurden mir sehr bewußt: Sie schmerzten. Mein ganzer Körper war aus zwei Organen zusammengesetzt, den Augen und dem Herzen; hinzu kam ein Rückgrat, das sich bis zum Nacken erstreckte.
Nachdem die Geh-Meditation beendet war, begann ich, mich auf die dreimalige Bewegung der Hände zur Demutshaltung zu konzentrieren, die ich vor der Sitz-Meditation ausführte. Als ich eine bequeme Sitzhaltung gefunden hatte, versuchte ich, mich auf das Heben und Senken meines Leibes zu konzentrieren.
An diesem Tag schien es mir weniger schwer zu fallen, meine Aufmerksamkeit von der Nase zum Leib zu verle-

gen, besonders nach dem Erscheinen der blauen Farbbilder. Diese vertrauten Farbtöne blieben jedoch nur kurze Zeit erhalten. Das Blau verwandelte sich schnell in eine schwebende, hellgelbe Lichterscheinung. Dieses zarte, zerbrechliche Bild wirbelte wie eine Aura aus Licht umher, und ich empfand dabei ein Glücksgefühl. Es war wie ein ätherisches Überschäumen von Freude, die schimmerte und lockte. Dann verwandelten sich diese weißen Wolken in ein dunkles Rostrot und türmten sich gleich wieder zu weißen Bergen und Tälern der stillen Heiterkeit.

An einer bestimmten Stelle wurde mir bewußt, daß eine gewaltige Kraft meinen Nabel umschloß. Um meinen Nabel befand sich ein Ring, an den meine restlichen Körpermuskeln angeschlossen waren. Beim Heben und Senken zogen die an diesem Ring befestigten Muskeln an den anderen Körpermuskeln, als ob dieser Ring eine Lenkungsfunktion ausübte, so wie ein Führungskreuz in der Hand eines Marionettenspielers.

Während das Heben und Senken andauerte, verwandelte sich meine weiße schwebende Welt zu festeren Formen und stürzte zu blutroten Lachen zusammen. Blaue Federbüschel bewegten sich wellenförmig von den Enden der schimmernden Lachen aus roter Lava. Schließlich eroberte das blaue Federkleid den Krater. In der Ruhe, die von der blauen Farbe ausging, endete die Meditation.

Ich war mir bewußt, daß ein kritischer Kampf aufgehört hatte. Von nun an würde es leichter sein, des Hebens und Senkens meines Leibes bewußt zu werden.

Lange dauerte es nicht, bis ich darauf aufmerksam wurde, daß meine Bewegungen fast unmerklich abgemessen und langsam wurden. Ich verbrachte bis zu achtzehn Stunden täglich beim Meditieren oder bei den Versuchen, aufgeschlossen zu sein. Weniger als eine Stunde am Tag sprach

ich mit anderen, und für meine Bücher konnte ich immer weniger Interesse aufbringen. Der Zeitbegriff im überkommenen Sinne existierte nicht mehr für mich. Ein Tag konnte in Minuten vergehen – oder war es eine Ewigkeit?
Das Nimitta-Zeichen erschien gelegentlich, doch nur für kurze Zeit. Es schien mir nicht mehr wichtig, ob es in Erscheinung trat oder nicht. Die beruhigende, heitere Bläue war da, doch immer im Hintergrund, und ich versuchte, mich nicht dafür zu interessieren.
Ich wußte nicht, weshalb ich mich so sehr bemühte zu meditieren. War es deshalb, weil der Abt es von mir erwartete? Oder weil es so wenig anderes zu tun gab? Oder weil ich neugierig war? Ich hatte keine Erklärung, außer der, daß ich mich nach dem Meditieren sehnte. Außergewöhnliche Erlebnisse und neue Dimensionen erwarteten mich in der Meditation oder vielleicht als deren Ergebnis. Aber in dieser Sehnsucht war noch mehr enthalten. Sobald der anfängliche Kampf um die Festlegung der Konzentration und die Beruhigung des Geistes beendet war, folgte häufig ein Gefühl des Losgelöstseins, zusammen mit einer Ruhe und Gelassenheit, wie ich sie noch nie gekannt hatte.
Und doch – scheinbar im Widerspruch hierzu, war das, was im Verlauf der Meditation erfolgte, häufig weder ruhig noch gelassen.

Ein Auge, ein einzelnes Auge, beobachtete mich. Ein funkelndes Auge, das sich aus dem Azurblau entwickelt hatte, bewegte sich durch den Raum schnell auf mich zu. Während das Auge näher herankam, kreisten die blauen Farben kaleidoskopartig um das Auge herum. Doch dann wurde das Auge beherrschend und drückte die Blautöne zu immer dunkler werdenden Schattierungen zusammen, bis al-

les schwarz war und die Weite meiner Welt in sich zusammensank.
Anfangs schien es ein Katzenauge zu sein, doch als es näher kam, erkannte ich es als menschliches Auge, ein orientalisches, schräggestelltes Auge, beobachtend, allwissend und gütig. Es hatte einen beruhigenden, meergrünen Farbton, im starken Kontrast zu dem schwarzen Schleier, der meine Welt vor meinem Blick verhüllte.
Das Auge blieb nicht beständig. Ich konnte es nie direkt betrachten, denn ich wußte, daß es verschwunden wäre, wenn ich es getan hätte. Ohne Vorwarnung zog sich das funkelnde Auge in den dunklen Schleier zurück, wobei es sich weiter verkleinerte. Die ebenholzfarbene Halbkugel verdunkelte sich noch mehr und stieß gegen die domartigen Grenzen meines Horizonts, wodurch sich meine Welt wieder ausdehnte. Der Schleier hatte sich gelüftet.
Wiederum ohne Vorwarnung bemerkte ich, daß jemand vor mir in dieser unendlich großen dunklen Welt saß. Die schattenhafte und fast unerkennbare Gestalt war männlich, alt, gebrechlich und orientalisch.
Während ich mir, wenigstens teilweise, des alten Mannes bewußt war, empfand ich plötzlich ein überwältigendes Gefühl von Freiheit, Leichtigkeit und Glückseligkeit. Dann war, wiederum ganz unerwartet, nichts mehr da. Danach erschien das Gesicht eines anderen oder auch des gleichen alten, orientalischen Mannes. Ein hervorstehender Zahn war zu erkennen. Als ich hinsah, begann das Gesicht sich zu verändern. Es wurde sogar noch älter; nur der eizelne, hervorstehende Zahn blieb erhalten. Dann erstarb das Gesicht, der Schädel begann zu verdorren. Die Augen verschwanden, die Haut zog sich zusammen. Nur der Zahn blieb unverändert.
Mein Körper fieberte. Ich mußte eine Art Schock erlitten

haben. Die Hitze brannte so stark, daß mir mein Körper wie ein glühender Feuerball ohne Flammen vorkam. Ich hatte den Eindruck von Schmerz und Erschöpfung, und dennoch war das ruhige Bewußtsein des Hebens und Senkens meines Leibes vorhanden.

Die prickelnde Hitze wurde schließlich weniger stechend, und in der darauffolgenden Wärme endete die Meditation.

Nachdem ich dieses Erlebnis in mein Tagebuch eingetragen hatte, und da ich noch kein Bedürfnis zum Schlafen empfand, ging ich auf die Veranda, um den Mönchen und Mae-chee zuzusehen, die sich für die Nacht zurechtmachten. Bald war alles still; die Vögel schwiegen, und sogar von den Hunden war nichts mehr zu hören.

Als ich dort saß und im Licht von Sternen und Mond nachsann, wußte ich einen schnell vorübergehenden Augenblick lang, daß die Stille in mir größer war als die Stille der Umgebung. Es war ein bittersüßer Augenblick, ein kostbarer Augenblick, der sich nicht festhalten und nicht wiederholen ließ. Nie!

Ich dachte über den bittersüßen Charakter des Lebens nach. So viele gefühlvolle Augenblicke im Leben erscheinen spontan, doch bevor sie vollendet werden können, verschwinden sie. Manche erscheinen erneut in abgewandelten Formen als schwebende Punkte, die sich wieder auflösen. Es ist wirklich bittersüß, dieses Leben, in dem Seifenblasen voller Freude verfolgt werden, die nur platzen, wenn man näher kommt.

Ich dachte an das bittersüße Rätsel der Weihnachtstage. Wochenlang verschwende ich ungeheure Energien für die Vorbereitungen und sehe nicht nur dem Tag, sondern auch der Freude entgegen, die das Fest bringen soll. Doch immer wieder verfliegt die erwartungsvolle Stimmung zu

Fetzen, bevor der Anlaß herangereift ist. Warum, habe ich mich so viele Male gefragt, ist dies so?

Dies alles erschien mir diesmal so klar, als ich allein unter einem ebenholzfarbenen Himmel voller leuchtender Kennzeichen des grenzenlosen Universums saß. Das Denken erschien mir an diesem Abend so leicht. Mein Verstand schien in der Lage zu sein, die Gedanken in einem langen, engen Tunnel zu prüfen, in dem jeweils nur eine Idee existierte.

Ich begriff, daß ich kulturell unvorbereitet war, in der Gegenwart zu leben. Wenn die Zukunft, die Erwartung, nicht mehr lebendig war, dann gab es nur noch die Gegenwart. Doch meine Welt war nie auf die Gegenwart hin orientiert gewesen, und erst in diesem Wat hatte ich etwas von der Existenz in der Gegenwart gelernt, was eine völlig neue Erfahrung war.

Nach einiger Zeit kehrte ich in mein Zimmer zurück und legte mich auf mein hartes Bett, worauf unvergleichliche sieben Stunden folgten.

Während des Schlafes kam es mir vor, als wäre ich in Meditation, oder war es genau umgekehrt? Mein Körper berührte nicht das Bett; er schwebte einige Zentimeter darüber. Als ich mich umdrehte, wußte ich genau, welche Bewegungen mein Körper machen würde, besonders meine Hände und Arme. Das unbehagliche Gefühl beim Verlagern des Gewichts auf empfindliche Körperteile war nicht mehr vorhanden. Da mein Körper ruhig schwebte, gab es auch keine Schmerzen. Ich war mir bewußt, daß ich schlief, doch es war kein normaler Schlaf. Es war mehr als das: Es war eine außergewöhnliche Entspannung und Gemütsruhe, hervorgerufen durch das Wissen, daß Geist und Körper in Harmonie waren. Dieses Gefühl dauerte bis vier Uhr früh an, als der Morgengong ertönte.

Am nächsten Tag kehrte in der Meditation das schräggestellte Auge zurück. Es entstand aus einer Mischung zwischen strahlenden Farben und matten Grautönen. Es war ein wissendes Auge und ähnelte dem ersten Auge. Ruhig und sorgfältig beobachtete es mich. Dann wurde es zu einem Teil der nebelhaften Grautöne. Plötzlich blickte mir jemand aus großer Nähe direkt in die Augen. Die strahlenden Augen beobachteten, wurden dann immer matter und waren schließlich keine Augen mehr, sondern nur noch Augenhöhlen. Aus den Tiefen dieser Skeletthöhlen stieg eine Schwärze auf, die alles andere einhüllte. Dann kam aus dem ebenholzfarbenen Dunkel ein weiteres schräggestelltes einzelnes Auge, das blickte und sich wieder in den sterilen Grautönen auflöste.

Nach der Meditation fragte ich mich erneut, wie viele Arten von Bewußtsein ich hatte. Mir schien es, als wäre ich nicht nur des Auges bewußt, wenn auch in einem anderen, weiter entfernten Bereich, sondern auch des Tickens meiner in zwei Meter Entfernung auf einem Tisch liegenden Armbanduhr. Außerdem schien es, daß mir das Heben und Senken meines Zwerchfells bewußt war.

Hatte ich mehrere Arten von Bewußtsein? Oder hatte ich unerkannte Sinne, die unter «normalen Umständen» schliefen? Oder war mein Bewußtsein auf irgendeine Art in der Lage, Gegenstände oder Gefühle zu trennen, um jedes für sich zu erkennen? Ich wußte es nicht, doch ich war mir im klaren, daß mein Bewußtsein viel mehr Dimensionen hatte, als ich dies noch vier Monate zuvor ahnte.

Bei der abendlichen Aussprache sagte mir der mit der Meditationsüberwachung beauftragte Mönch, meine Meditation, die die ganze Nacht angedauert hatte, sei auf die starken Kräfte der Konzentration zurückzuführen. Er erklär-

te, diese starke Konzentrationskraft sei gut, wünschenswert und vielleicht sogar ein Fortschritt.
Wiederum berichtete ich ihm von dem unbegreiflichen Zeitablauf. Von seinem prächtig geschnitzten Stuhl blickte er auf mich herab, und seinem wissenden Lächeln entnahm ich, daß auch er solche Gefühle kannte. Seine schlichte Antwort lautete: «Ausgezeichnet.»
Aufmerksam blickte er mich an, als ich ihm von dem in Auflösung begriffenen Schädel berichtete, der mich in der letzten Nacht in Schrecken versetzt hatte. Nachdem er eine Zeitlang über meine Beschreibung der zerfallenden Augen in dunklen Schädelhöhlen nachgedacht hatte, antwortete er weise: «Nur jene, die Vipassana ausüben, können die Vergänglichkeit aller Dinge erkennen. Alle Dinge entstehen und zerfallen – entstehen und zerfallen. Alle Dinge. Auch der Mensch.»
Ein weiterer Tag verging außerhalb der Zeitvorstellung, jedoch war ich lebhaft meiner Umgebung und meiner selbst bewußt. Besonders wurden mir körperliche Veränderungen bewußt, und ich schrieb darüber in mein Notizbuch:

Der Hunger, so wie ich ihn früher gekannt hatte, existiert nicht mehr. Das Essen ist eine bewußte Aufgabe und nicht ein Versuch, das Hungergefühl so schnell wie möglich zu unterdrücken.
Zwischen elf Uhr vormittags und sechs Uhr am nächsten Morgen esse ich nichts – das sind neunzehn Stunden ohne Nahrung, und dennoch habe ich keinen großen Hunger. Wenn ich Wasser ganz langsam trinke, spüre ich keine Eßlust.
Der Hunger scheint also nicht dazusein, aber ein Gefühl starker Erschöpfung. Diese Erschöpfung scheint rein körperlich bedingt zu sein. Mein Geist ist nicht nur ständig munter, er scheint auch schärfer geworden zu sein. Obwohl ich nachts nur wenige Stunden schlafe, scheinen Körper und Geist in Stadien tiefer Ruhe zu versinken. Es ist interessant, daß ich während intensiver Meditation keine Träume habe. Der mit der Meditationsüberwachung beauftragte Mönch reagiert auf

meine Klagen wegen meiner Erschöpfung nur mit dem Wort «Ausgezeichnet». Der Abt erklärt demgegenüber, ein Meditierender fühle körperliche Erschöpfung, weil der Vorgang der Meditation große Energien verbrauchen könne. Oberflächlich betrachtet, scheint dies paradox zu sein. In intensiver Meditation sind körperliche Aktivitäten und Bewegungen drastisch eingeschränkt und verlangsamt; wenigstens hat man diesen Eindruck. Ist es möglich, daß man bei dem Versuch, das Bewußtsein zu beruhigen, mehr Energien verbraucht als beim unkonzentrierten Umherschweifen des Bewußtseins?

Ich bin mir jetzt bewußt, daß auch ich mich in einer Art bewege, die mir früher lächerlich vorgekommen war. Ich frage mich, ob ich den weißgekleideten Mae-chee ähnlich sehe, die sich wie aufgezogene Brautpuppen zu bewegen schienen?

In mir vollzieht sich ein offensichtlicher Wandel. Ist er das Ergebnis veränderter Wahrnehmungsdimensionen? Neuerdings erscheinen mir diese Veränderungen als natürlich, aber dennoch als geheimnisvoll. Ich habe keine Angst.

Hat sich in dieser Zeit intensiver Meditation auch mein Äußeres verändert? Durchaus möglich, aber es gibt keine Spiegel, so daß ich es nicht erkennen kann. Steckt hinter diesem Fehlen von Spiegeln eine Absicht? Wahrscheinlich nicht; man hält Spiegel eben nicht für wesentlich.

Während der Meditation fiel es mir leichter, mich auf das Heben und Senken meines Leibes zu konzentrieren. Sanfte Blautöne erfüllten mein Universum häufig mit solch verwickelten Mustern und Formen und solch schimmernden und großartigen Farben, daß man dafür in unserer Welt keine Worte finden kann.

Eines Nachmittags vibrierten die Blautöne, bis sie zu winzigen runden Formen zusammenflossen, die zu atmen begannen. Während sie atmeten, wurden sie größer und deutlicher. Schließlich erkannte ich, daß sie menschliche Körperzellen waren. Das Atmen und Ausdehnen dauerte an, bis sie sich allmählich auflösten und braun wurden.

Nach dem Tod der Zellen stürmte ein heftiger Monsunregen durch mein Universum. Die toten Zellen, jetzt winzig und grau, verloren sich in den starken Regengüssen. Der Regen hörte auf, und weitere blaue Zellen wurden geboren, die wuchsen, starben und schließlich von dem allumfassenden Regen verzehrt wurden. Dieser Lebenszyklus schien sich über endlose Zeiträume hinweg zu wiederholen. Ich war mir bewußt, daß der Vorgang natürlich und fließend war. Nichts wehrte sich, um den Ablauf zu ändern; alles stellte sich willig darauf ein.

Als die Meditation sanft endete, war ein achtmaliges Klingelzeichen zu hören, was bedeutet, daß die Mae-chee aus der Zelle Nummer acht zum Bericht über ihre Meditation gerufen wurde. Nach dem Ertönen dieses Zeichens gingen wir Frauen dann einzeln und langsam zu einem kleinen Gebäude aus Zement und Steinen, das irgendwie wie eine Höhle wirkte und sich zwischen die Bäume und die hölzernen Guti schmiegte. Hierher, in die Kühle des Abends und vom Duft des Räucherwerks eingehüllt, kamen die Meditierenden, um Sorgen oder Fortschritte jenem Mönch zu berichten, der auch als «zweiter Abt» bezeichnet wurde.

Ich war gewöhnlich kurz vor Einbruch der Dunkelheit an der Reihe, diesem Mönch oder dem Abt, der verehrungsvoll «Acharn» oder Lehrer genannt wurde, Bericht zu erstatten. An jenem Abend wurde es bereits dunkel, und ich war noch nicht gerufen worden. Ich saß allein auf der Veranda und dachte, die Farang wäre vielleicht vergessen worden. Da entschloß ich mich, zu den Stufen der Viharn zu gehen, in der Hoffnung, meine Dolmetscherin würde dort sein, um mir zu erklären, weshalb ich nicht gerufen wurde.

Ich sah sie auf den Stufen sitzen. Ihr weißes Schwesternkleid hob sich von der dunklen Umgebung ab. Die kleine Thailänderin war eine frühere Mae-chee, die lange Zeit hindurch von diesem Abt unterrichtet worden war. Ich hatte erfahren, daß sie in einem New Yorker Krankenhaus als Schwester ausgebildet worden war. Sie war nach Thailand zurückgekehrt und hatte einen Mann geheiratet, der bereits kurz nach der Eheschließung auf tragische Weise ums Leben kam. Kurze Zeit nach seinem Tod wurde sie dann eine Mae-chee. Ihre Mutter und Bekannte überredeten sie, die Kenntnisse, die sie durch das Studium des Buddhismus und die Meditation erworben hatte, an andere weiterzugeben. Jetzt arbeitete sie wieder als Schwester im Krankenhaus von Chiang Mai, und in ihrer Freizeit wirkte sie als offizielle Dolmetscherin im Wat Muang Mang.

Ich mochte diese Frau sehr gern. An jedem Abend sah ich ihr lächelndes Gesicht und hörte ihre gedämpfte, angenehme Stimme. Sie war höflich und mitfühlend und zeigte Verständnis für meine Sorgen, Probleme und Freuden, die ich in der Meditation empfand; dabei war sie jedoch eindringlich bei ihren Ermahnungen, aufgeschlossen und bewußt zu sein und die Meditation mit Weisheit auszuüben.

Schließlich saßen wir gemeinsam auf dem kühlen Fußboden vor dem Meditationslehrer, der Gewänder von dunkler Safranfarbe trug. Wie üblich saß er mit gekreuzten Beinen auf einem Stuhl, der dem Sitz auf dem Rücken eines Elefanten ähnelte. Kerzen und Räucherwerk, das auf einem kleinen Altar in einer Ecke glühte, waren das einzige Licht. Man hatte mich nicht vergessen, nur die anderen Meditierenden hatten länger als üblich gebraucht, um ihre Fortschritte zu besprechen.

Wie gewohnt begann die Berichterstattung für mich, die Meditierende, mit einer dreimaligen Bewegung der Hände zur Demutshaltung, die ich sehr langsam ausführte. Da-

nach erzählte ich dem Mönch von einer Höhle voller Knochen, die ich wiederholt in meiner Morgenmeditation gesehen hatte, und von der unendlichen Regeneration von Körperzellen, deren ich in der Nachmittagsmeditation bewußt wurde.
Er erklärte mit Bedacht, die Knochen und Zellen seien ein Anzeichen dafür, daß Körper und Geist, jeder für sich, alles seien, was existiere. Dieser Mönch, dessen Augen stets in weite Ferne zu blicken schienen, was mich an den Blick des Abtes von Wat Bovornives erinnerte, ermahnte mich, mich nicht darauf zu konzentrieren, was ich sah, sondern auf das Sehen selbst. Damit würde ich die Unreinheiten vermeiden, die sich aus Wünschen und Begehren, Vorlieben und Abneigungen ergeben und die den Fortschritt in der Meditation behindern.
Während er über meine Aufgabe für die nächsten vierundzwanzig Stunden nachdachte, stellte ich weitere Überlegungen an. Ich fragte mich, ob die Meditierenden früherer Jahrhunderte auch schon Körperzellen gesehen hatten. Die wissenschaftliche Entdeckung der menschlichen Zelle und ihrer Bestandteile war eine Erkenntnis der neuesten Zeit. Wenn der Mensch der Antike noch keine menschlichen Zellen kannte, wie konnte er dann Visionen von ihnen haben und wie sollte er sie überhaupt ausdeuten? Vielleicht sah er nur die blauen Kreise, die sich zusammenzogen, atmeten und dann verschwanden. Doch wenn er tatsächlich Zellen sah, war es dann nicht möglich, daß manche meiner Visionen weitaus mehr Bedeutung hatten, als mein kleiner, unentwickelter Geist verstehen konnte?
Da ich erkannte, daß ich diese Art einer phantastischen Wanderung in die Vergangenheit und Zukunft nicht unternehmen sollte, begann ich mich auf das «Denken, denken, denken» zu konzentrieren, um in der Gegenwart

zu bleiben, bis der Mönch meine neue Aufgabe bekanntgab.
«Ihre nächste Aufgabe ist es, an das Heben, Senken und Sitzen zu denken», sagte er schließlich. «Versuchen Sie, den Körper zu sehen, und versuchen Sie dann, einige Teile des Körpers zu sehen. Konzentrieren Sie sich auf das Hören, Sehen, Riechen, Berühren und Schmecken.» Dann ermahnte er mich: «Achten Sie nicht auf Süß oder Sauer, wenn Sie schmecken. Seien Sie nur des Schmeckens bewußt.»
Er sah zu, während ich die Aufgabe in mein Notizbuch eintrug. Dann hielt ich die Hände in Demutshaltung, wie es von allen Meditierenden in diesem Wat erwartet wurde, und ging in der Dunkelheit zu meiner kleinen Zelle zurück, um die neue Aufgabe noch möglichst lange an diesem Abend auszuüben.
Jeder Tag endete auf diese Weise. Der Meditationsmönch und der Acharn schienen sehr viel Zeit und Geduld aufzuwenden, um mir zuzuhören und um meine Probleme und Fragen zu diskutieren. Die gewisse Scheu, die ich anfangs diesen beiden Mönchen gegenüber empfunden hatte, war verschwunden, als ich erkannte, wie interessiert und mitfühlend sie sich verhielten.

Während die Meditationsübungen komplizierter wurden, gestalteten sich auch meine Erlebnisse noch dramatischer. Gleichzeitig empfand ich ein sich immer weiter steigerndes Bewußtsein von Frieden, Ruhe und Gelassenheit. Ich war von Raum und Zeit losgelöst; dieses Transzendieren von früher empfundenen Beschränkungen war grenzenlos, fließend und bewegte sich immer weiter. Es ähnelte meinen Empfindungen gegenüber dem Nimitta: Das Nimitta war da, und dennoch war es nicht vorhanden. War es deshalb, weil dieses Bewußtsein so unmerklich, so ätherisch war, daß es sich nicht erfassen ließ? War es mein Bewußtsein dieser Gelassenheit, oder war es das Ergebnis dieser Empfindungen, daß die Bindungen der Unsicherheit zerbrachen, daß weltliche Sorgen verschwanden, daß sich die Einschränkungen der Ichbezogenheit auflösten... und Freiheit hinterließen?

Eines Tages schrieb ich in mein Notizbuch:

Die Zeit vergeht, ohne daß ich es bemerke. Das seltsamste Gefühl ist, daß ich kein Interesse an meinen alten Dingen habe. Kein Interesse an «Lahu Wildfire» (dem Buch, an dem ich um diese Zeit arbeitete), und ich empfinde auch nicht den Abscheu, der immer in mir aufsteigt, wenn ich an die Kriege und die politischen Intrigen in diesem Teil der Welt denke. Nichts. Kann mich nicht zwingen, darüber nachzudenken. Der einzige Berührungspunkt mit der Außenwelt, die ich einst gekannt habe, scheint Buzz (mein Mann) zu sein. Doch das Denken an ihn beschränkt sich auf ein Gefühl des Liebens, des Glücks, der Freude, und ich denke nicht häufig an ihn.

Ich habe keine Lust, mich zu unterhalten. Es ist schwierig, schnell zu gehen. Das Schreiben in mein Notizbuch ist beschwerlich. Heute hatte ich das Gefühl, bei der Meditation zu weinen. Mund und Augen schienen weinen zu wollen, aber es gab keine Tränen. Wenigstens glaube ich es nicht.

Keine Lust, den Wat zu verlassen. Nicht hungrig. Warum bekommen wir keine Anregungsmittel wie Tee oder Kaffee?

Wenn es keine Kämpfe gibt, dann tritt ein Friede ein, eine Ruhe, die bei einer anderen Siegesart unbekannt ist. Das ist die Freiheit.

Eines Nachmittags saß ich nach der Meditation auf meinem Bett und sah durch das Fenster den jungen Novizen zu, die sich an den großen offenen Brunnen gegenüber den Räumen der Frauen wuschen. Der erste Anschlag des Gongs, der die Mönche zum Singen herbeirief, drang in meine Ohren mit einem schmerzhaft schrillen, grauenhaft lauten Geräusch. Die Tempelhunde antworteten mit ihrem üblichen durchdringenden Geheul.

Die Schallwellen dieses schrillen Gongschlags hallten in unerträglichen Lauten in meinen Trommelfellen wider, und ich hätte am liebsten aufgeschrien, jämmerlich geheult wie die Tempelhunde. Schließlich hörte der Mönch auf, den Gong anzuschlagen, doch der Widerhall war immer noch zu hören. Der Schall drang wie bruchstückhaft bis zu meinen Ohren vor.

Mein Gehörsinn war tatsächlich schärfer geworden, und ich hörte von nun an Laute, die ich früher nicht vernommen hatte und die vermutlich von den meisten Menschen nicht vernommen werden. In der Stille der Nacht konnte ich hören, wie die Kakerlaken in meinem Zimmer umherkrochen. Der erste Käfer, den ich hörte, schien in der hinteren Ecke zu sein, etwa drei Meter von mir entfernt. Mit der Taschenlampe in der Hand sah ich nach. Im Lichtkegel erkannte ich einen Kakerlaken, der an einer Borste des Besens hing. Ich konnte hören, wie die Tiere in der Toilette, auf dem Fußboden und in meinen Sachen herumkrabbelten. Ich dachte an das Gebot, das das Töten untersagte, und beförderte die Tiere mit meinem Besen nach draußen, doch es half nicht viel, denn weiteres Ungeziefer kam auf der Stelle hinterher.

Diese erweitere Hörfähigkeit brachte es mit sich, daß ich auch gegenüber Geräuschen von normaler Lautstärke, wie dem Brummen vorbeifahrender Motorräder, überempfindlich wurde. Mir wurde gesagt, durch die Konzentration auf «Hören, hören, hören» könne die Geräuschempfindung auf ein erträgliches Maß reduziert werden. Der Ratschlag war richtig, doch ich spürte eine große Versuchung, den Lärm auszuschalten, indem ich ihn ignorierte oder indem ich mir die Ohren verstopfte, statt mich auf die Geräusche zu konzentrieren.

Schritt für Schritt bewegte es sich langsam an meinem Arm

empor. Was es auch immer war, es hatte zahlreiche Fortsätze, die sich saugend an meiner Haut festzuhalten schienen. Es mußte groß sein, denn die Schritte waren auf meiner Haut deutlich zu spüren.
Ich akzeptierte die Kreatur, indem ich mich auf «Schmerzen, schmerzen, schmerzen» konzentrierte, und ich atmete ruhig weiter. Am Ende der Meditation entdeckte ich, daß das mächtige Geschöpf auf meinem Körper eine winzige Ameise war!

Oftmals schliefen mir während der Meditation beide Beine ein. Ich weiß nicht, ob dies auf das längere Sitzen oder auf die vom Abt empfohlene schwierigere Stellung der Beine zurückzuführen war. Doch ich wußte, daß ich mich nach einer Sitz-Meditation mit gefühllosen Beinen abfinden mußte. Ich gewöhnte mir an, nach der Meditation die Beine nach vorn auszustrecken, damit das Blut wieder richtig kursieren konnte. Eines Abends streckte ich nach einer entspannten Meditation die Beine aus. Diesmal waren sie zwar wieder gefühllos, doch der übliche Schmerz war nicht zu spüren. Plötzlich spürte ich in meinem rechten Bein ein gurgelndes Geräusch und eine Wärme. Ich konnte hören, wie das Blut in die zahlreichen Adern vordrang und sie wieder mit frischem Lebenssaft füllte. Die Empfindung begann direkt unterhalb meines Knies und setzte sich weiter fort. Schließlich waren auch die kleinsten Blutgefäße wieder gefüllt – das taube Gefühl war verschwunden. Ich hatte auch keine Schmerzen. In diesem Stadium einer erhöhten Aufgeschlossenheit schien es möglich zu sein, den Schmerz auszuschalten, indem man eins mit ihm wird und sein Wesen erkennt.
All dies und noch mehr hatte sich in einem kleinen, erbsengrünen Raum abgespielt. Hier brannten keine Kerzen

auf Altären, kein Duft von Räucherwerk war in der Luft, und auch keine Mönche waren dabei, die die Meditationsbereitschaft hätten fördern können. Ich saß allein da, allein mit mir selbst und mit Empfindungen, die ich zuvor nicht gekannt hatte. Ich hatte keine Angst mehr; alles schien sich ganz natürlich abzuspielen.

Einige Tage vor dem Beginn der Regenzeit – man nennt sie hier «Khaow Pansa» – hatte ich eine interessante Begegnung.

Ich saß auf den Stufen vor der Viharn, als drei alte Frauen auf mich zukamen.

Ihre grauen Haare waren kurz geschnitten wie Männerfrisuren, und ihre farbenprächtigen Sarongs waren zwischen den Beinen von rückwärts her geschürzt, so daß es aussah, als ob sie Pantalons trugen. Ihre runzlige Haut glänzte, wohl als Ergebnis einer gründlichen Waschung. Ihre Lippen waren gerötet und ihre Zähne geschwärzt als Folge des jahrelangen Kauens von Betelnüssen.

Sie unterhielten sich lebhaft, bis sie mich sahen. Sie betrachteten mich prüfend und fragten mich schließlich, was ich im Wat täte. Als ich ihnen erklärte, ich studiere Vipassana, antworteten sie «riap rooy» – «ausgezeichnet». Jetzt wurden sie zutraulicher und setzten sich neben mich. Wir unterhielten uns über das Material meiner Bluse, über meine Zimmernummer und über das Wetter.

Dann erzählten sie mir, daß sie aus einem weit entfernten Dorf stammten. Sie waren nach Chiang Mai gekommen, um in diesem Wat «tamboon» – gute Werke zu tun.

Dann stellten sie einige Fragen über Vipassana, und sie meinten, dies sei etwas Gutes, doch sie hätten es selbst bisher nicht ausgeübt. Jetzt meinten sie, hierfür zu alt zu sein. Sie drängten mich, ihnen zu sagen, was in meiner Meditation geschehen sei, doch meine thailändischen Kenntnisse

waren unzureichend, um ihnen meine Erlebnisse zu schildern.
Schließlich blickte mich eine von ihnen scharf an und fragte: «Haben Sie die Phii (die Geister) gesehen?»
Ich hätte ahnen können, daß diese Frage kommen würde, da die meisten Thais sich sehr stark für die Phii interessieren. Ich zögerte mit der Antwort, und sie warteten geduldig.
Ich glaube nicht an Geister oder Gespenster, auch nicht an Phii, doch ich konnte verstehen, daß diese Frauen die Visionen von in Auflösung befindlichen Gestalten als Geister betrachteten, nämlich solche Bilder, wie man sie in der Meditation zu erkennen glaubt. Ich wußte, daß die Leute an Phii glaubten und daß sie Geisterhäuser in der Nähe ihrer Wohnungen hatten, in denen sie Speisen, Räucherwerk und Blumen opferten, um die Geister zu besänftigen.
Schließlich hatte ich die passende Antwort: «Farangs können die Phii nicht sehen, nur Thais können die Phii sehen.»
Und sie lachten.
Sie schienen genug von mir erfahren zu haben und sagten mir, sie müßten nun in die Viharn gehen, um dort Ehrerbietung zu erweisen. Zu meiner Überraschung standen alle drei auf, traten ein paar Schritte zurück, knieten vor mir nieder und verneigten sich tief – vor mir!
Ich sah den drei alten Frauen nach, deren Kleidung, Haarschnitt und auch das Kauen von Betelnüssen Sitten des alten Siam waren, die wahrscheinlich mit ihnen sterben würden.
Ich dachte über ihren Glauben an die Phii nach. Der Geisterglaube ist eine animistische Überlieferung aus den Zeiten vor der Einführung des Buddhismus, und dieser wiederum ist durch die Riten der Ahnenverehrung beeinflußt

worden. Wie leicht scheint sich dieser Geisterglaube mit dem Glauben an die einunddreißig Welten zu vermischen, deren Wesen nur zum Teil für Menschen sichtbar sind. Wenn die Menschen daran glauben, dann erscheint es natürlich, daß sie auch glauben, die Phii gehörten zum buddhistischen Gedankengut, wenigstens in dem Sinne, wie ihn viele Laien verstehen.

Nun machte ich mir auch Gedanken über die Gesichter, die ich während der Meditation gesehen hatte. Ich hatte nicht nur während der Sitz-Meditation, sondern auch im Verlauf der Geh-Meditation Gesichter gesehen. Gelegentlich erschienen mir nicht vertraute Gesichter, als kämen sie von den Wänden meines Zimmers oder aus dem Laub der Bäume außerhalb meiner Zelle. Man hätte leicht glauben können, solche Gesichter wären Phii.

Die Thais glauben auch an die «Preta», die hungrigen Geister, die in einer tieferen Welt als die Menschen existieren. Diese hungrigen Geister werden als solche wiedergeboren wegen ihrer übertriebenen Habsucht im früheren Leben als Menschen. Infolgedessen werden sie in einer von unerfüllten Sehnsüchten angefüllten Existenz gequält. Da sie mit Menschen nicht in Verbindung treten können, sind die hungrigen Geister nicht in der Lage, um Nahrung oder Besitz zu bitten, was sie jedoch ersehnen. Sie haben ein langes Dasein als Preta, wobei sie darauf warten, daß ihr schlechtes Kamma sich erschöpft hat, und darauf hoffen, in menschlicher Form wiedergeboren zu werden. Diese hungrigen Geister tun offenbar niemandem etwas zuleide; sie erschrecken nur die Menschen.

Als ich den alten Frauen zusah, die schweigend auf Strohmatten vor der riesigen Buddhastatue saßen, fragte ich mich, weshalb sie sich in so respektvoller Art vor mir verneigt hatten.

Am nächsten Morgen fand ich an meiner Tür einen kleinen Korb voller selbstgemachter Reisbackwaren, die kunstvoll in grüne Bananenblätter eingewickelt waren. Zunächst achtete ich nicht darauf. Doch dann kam die bucklige Frau zu mir. «Sie sollen sie nehmen, die Sachen sind für Sie», sagte sie.
«Das verstehe ich nicht», antwortete ich, da ich wußte, daß niemand da war, der mir zusätzlich etwas zu essen bringen konnte.
«Sie sind aber für Sie bestimmt», sagte sie eindringlich, indem sie mir zuwinkte. «Drei alte Frauen brachten sie heute früh hierher – für die Farang-Frau in Zimmer Nummer vier, die Vipassana studiert.»
Ich nahm den Korb und ging hinein. Wollten die alten Frauen sich mir, der Fremden, gegenüber freundlich erweisen? Oder wollten sie ein gutes Werk tun, indem sie einer Frau, die Vipassana studierte, Nahrung gaben? Was es auch sein mochte – es war eine schöne Geste.
Ich dachte an die ehrerbietige Haltung der Buddhisten gegenüber jenen, die Mönche werden, und an den andersartigen Respekt gegenüber anderen, die sich dem Studium des Dhamma oder der Meditation widmen. Viele buddhistische Männer verfolgen nun einmal das Ziel, eines Tages ein Mönch zu werden, während viele Frauen sich das Ziel setzen, sich in Meditation zu üben.
Nachdenklich aß ich einen Reiskuchen und dachte dabei an die drei alten Frauen, deren Geschenk so geheimnisvoll an meine Tür gelangt war.

Die Anleitungen für die Sitz-Meditation waren komplizierter geworden. Nach den ersten Tagen wurde ich angewiesen, einer Berührung an zwei Stellen auf meinem unteren Rücken nahe dem Oberrand des Schenkelknochens bewußt zu werden. Mir wurde gesagt, ich solle in der Weise daran denken, als ob eine Münze zuerst den rechten und dann den linken Knochen berührte. Außerdem sollte ich des Hebens und Senkens meines Zwerchfells bewußt sein.

Später kamen noch zwei weitere Punkte hinzu, nämlich die Gesäßknochen, auf denen wir sitzen. Wieder war es ein Bewußtwerden der Berührung, zuerst an der rechten Seite, dann an der linken. Es schien wie ein voller Kreis zu sein... die zwei Seiten am Rücken, die zwei Gesäßknochen und das Heben und Senken.

Zu Beginn dieser Übungen waren die üblichen Schwierigkeiten zu überwinden, um den Geist zu beruhigen und das Bewußtwerden an neuen Stellen einzuleiten. Seltsamerweise hatte ich nach der Festlegung der Methode durch zusätzliche Bewußtseinspunkte offenbar bei der Konzentration oder Meditation keine merklichen Erschwernisse. Aber etwas anderes ging in mir vor. Während sich das Bewußtwerden dieser neuen Konzentrationspunkte verschärfte, wurde die Erkenntnis der Existenz des «Ich» geringer.

Teile meines Körpers hörten auf zu existieren oder zu funktionieren. Manchmal erschienen mir einzelne Teile meines Körpers so deutlich ausgeprägt, daß allein schon ihre Größe alles andere in den Schatten stellte. Zu manchen Zeiten kam es mir vor, als ob ich zu atmen aufhörte. Mein Herz schlug manchmal so heftig und laut, daß ein Herzanfall bevorzustehen schien. Häufig lag mein ganzes Dasein in meinem Nabel und in dem Raum zwischen Nabel und Rücken. Zu anderen Zeiten hatte ich keine Beine, und dennoch ging ich auf ihnen. Manchmal erschienen mir Kopf und Hände in grotesken, riesigen Formen.

Mehrmals wurde mir im Verlauf der Meditation bewußt, daß ich aus keinem erkennbaren Grund weinte, doch es kamen keine Tränen.
Ein anderes Mal wurde ein Stück Narbengewebe an meinem rechten Bein, das Ergebnis mehrerer Operationen, plötzlich sehr empfindlich, und ich spürte dort Hitze und starke Schmerzen. Alles Körperblut schien nach dort zu fließen, und nichts außer der Narbe schien zu existieren. Dieser stechende, pochende Schmerz wurde fast unerträglich. Ich begann zu schwitzen. Mir wurde übel, und ich fühlte mich krank. Ich bemühte mich fieberhaft, mich auf das Heben und Senken und auf «Schmerzen, schmerzen, schmerzen» zu konzentrieren. Es war ein häßliches Erlebnis; eine Krise.
Ich klammerte mich an das Heben und Senken. Die Übelkeit ließ nach, doch das Narbengewebe blieb ein Hitzezentrum und ein Reservoir von unzähligen vibrierenden Teilchen. Der Schmerz wurde schließlich erträglich.
Nach einiger Zeit erschienen blaugrüne Schleier, die den Rest des Schmerzes in sich aufnahmen; die Krise war vorüber.
Gleichzeitig mit dieser Erleichterung erschienen mir verschwommene Nebelschwaden, deren Ränder in Rosa getaucht waren. Die rosagetönten Ränder wirbelten in winzigen Kreisen umher. Die Farben schufen eine unendliche Beruhigung. Und ich kehrte zum Heben und Senken meines Zwerchfells zurück.
Voller Verwunderung und Schrecken wurde mir bewußt, daß ich mich selbst mit den beruhigenden, verlockenden Farben vereinigt hatte. Ich war in ihnen verloren. Oder war ich jenseits von ihnen? Es gab gar kein «Ich»! Meine Atmung war so oberflächlich, daß sie fast nicht vorhanden war. Vorsichtig zwang ich mich, das «Ich» aus der Unend-

lichkeit herauszubringen, durch das einzige Mittel, das ich kannte – indem ich mich auf meine Atmung konzentrierte. Zuerst spürte ich eine Tendenz, draußen zu bleiben – im Jenseits. Allmählich wurde meine Atmung wieder normaler, und ich gelangte wieder zu der Erkenntnis, daß ich auf dem Fußboden saß.

Ich weiß nicht, ob es an meiner Angst oder an körperlicher Erschöpfung lag, daß ich mich nach diesem Erlebnis außergewöhnlich abgespannt fühlte. Ich konnte mich kaum bewegen und konnte auch nicht aufstehen. So kroch ich zu meinem Bett, das von der Stelle, auf der ich saß, nur einen Schritt entfernt war. Ich ruhte, doch auf eine seltsame Art. Es schien wichtig zu sein, mein Atmen fortzusetzen, meines Nabels bewußt zu sein und zu wissen, daß ich auf dem Bett und an keiner anderen Stelle war. Lange Zeit blieb ich auf dem Bett, wobei ich deutlich und ausschließlich des Atmens und des Nabels bewußt war.

An jenem Abend berichtete ich dem Acharn über mein Verschwinden in eine Welt ohne Form, Zeit und Schmerz. Er hörte aufmerksam zu und schien betroffen zu sein. Er befragte mich besonders über Einzelheiten, bevor er seinen Ratschlag formulierte: «Wenn Sie sich selbst verlieren – wenn Sie nicht spüren, wie Sie gehen oder wo Sie sitzen –, dann müssen Sie sich auf das Erkennen konzentrieren.» Er wiederholte diesen Ratschlag mehrmals in größter Ruhe und Eindringlichkeit.

Ich glaubte, ihn verstanden zu haben. Wenn man in der Lage wäre, wenigstens ein Bewußtsein auf das Erkennen zu konzentrieren, dann würde eine Energie vorhanden sein, um die anderen Bewußtseinsarten zurückzubringen. Ich fragte mich, ob es dies war, was sich in mir zugetragen hatte – ein Bewußtsein, oder was immer es war, war zurückgeblieben und erschreckte mich dann, indem es mir klarmachte, daß kein Denken, kein Sehen, kein Erkennen stattfand.

Als ich wieder in meinem Zimmer war, dachte ich darüber nach, was geschehen wäre, hätte ich mich nicht in der Lage befunden, mich selbst zum Erkennen zurückzubringen! Machte es überhaupt etwas aus, ob das «Ich» in der überkommenen Vorstellungsart existierte? Es war nicht schmerzvoll, dort zu sein – im Jenseits. Vielleicht war dies ein Wesenszug des Todes.

In dieser Nacht schrieb ich bei Kerzenlicht meine Gedanken nieder:

Ist das Dasein vielleicht nur ein Gedanke? War dies der Tod? Wenn ich über mein Erlebnis nachdenke, scheint es mir, als ob ich gestorben wäre. Ich hatte zu existieren aufgehört. Es gab kein «Ich», nur ein Gefühl des Aufgehens im Jenseits, in einem Universum, das ich schon zu kennen schien. Alles verlief sanft, gelassen, fließend und kampflos. Ja, ich war gestorben, und es war gut – bis in einem schreckensvollen Augenblick mein Verstand die Erkenntnis aufgriff, daß das «Ich» verschwunden war. Mein Verstand war entsetzt, und ich begann, mich aus diesem universalen Mutterleib herauszukämpfen, als ob ich wünschte, wiedergeboren zu werden. Bei flackerndem Kerzenlicht sitze ich jetzt hier und frage mich, ob ich Angst hätte, in das Jenseits zurückzukehren. Ich glaube es nicht, denn ich meine, tief in meinem Inneren eine Wahrheit zu erkennen: Jenseits der Schmerzen liegt die Erlösung; jenseits des Todes liegt die Geburt.

KAPITEL 9

«Der Mensch bemüht sich, das Leben außerhalb seines Ich zu finden, ohne zu erkennen, daß das Leben, das er sucht, in ihm selbst liegt.»
Kahlil Gibran

Ein Tag ging unmerklich in den anderen über; die Tage wurden zu einer Einheit. Schwere, feuchte Hitze hing bedrückend über dem Tal von Chiang Mai. Monsunwolken zogen bedrohlich über ferne Berge hinweg, doch jedesmal fielen nur wenige Regentropfen. Um der unerträglichen Hitze in meiner engen Zelle zu entgehen, saß ich häufig auf der Veranda und übte mich in Aufgeschlossenheit.

In diesen sengenden Tagen vor dem Beginn der Regenzeit, Khaow Pansa, war ein ständiges Kommen und Gehen von Männern, Frauen und Kindern, die im Wat Vorkehrungen für die Ordination ihrer Söhne, Brüder, Vettern, manchmal sogar ihrer Väter und Großväter treffen wollten, damit diese hier eine dreimonatige Zeit der Kontemplation und des Lernens verbringen konnten. Dies war in den Ländern der Theravada-Buddhisten eine Jahreszeit der Frömmigkeit. Während der Monate des Monsunregens würden die Mönche in den Wats bleiben. Nur der morgendliche Almosengang ist gestattet, denn während der Regenzeit dürfen sie nur mit besonderer Genehmigung den Klosterbereich verlassen.

Für alle, die im Wat wohnten, gab es jetzt viel zu tun,

denn die Gebäude und das ganze Gelände mußten einer gründlichen Reinigung unterzogen werden. Der Abt und eine ältere Mae-chee teilten die Novizen in Arbeitsgruppen ein. Diese Jungen schwärmten in ihren Safrangewändern wie orangefarbene Küken umher, fegten mit unhandlichen Besen das ganze Gelände aus und karrten den Unrat in hölzernen Schubkarren weg. Unter Aufsicht des Abtes säuberten sie die Viharn besonders gründlich, wozu auch gehörte, daß alle Matten und Teppiche geklopft wurden. Die Novizen, die zur Teppichklopfgruppe gehörten, wickelten ihre Köpfe in der Art von Wüstenarabern in ein Tuch ein, um sich vor dem Staub und Schmutz zu schützen, der in Wolken herauskam.
Einige Mae-chee wiesen die Novizen ein, Pflanzen und Blumen zurückzuschneiden, die an den Klostermauern und dem kleinen Zaun vor dem Wohnbereich der Frauen wucherten.
Während dieser Tage spürte ich, daß im Wat eine glückliche Stimmung herrschte. Niemand sagte zwar, daß er sich glücklich fühlte; doch es war eine Beschwingtheit, die auch auf mich überfloß. Meine Aufgabe war jedoch nicht die Vorbereitung auf Khaow Pansa, sondern die Meditation. Der Abt hatte mir allerdings gesagt, ich könne den Vorbereitungen und Festlichkeiten zusehen, vorausgesetzt, daß ich ständig aufgeschlossen bliebe.

Am Abend vor dem offiziellen astrologischen Beginn der Regenzeit ging ich nach meiner Meditation nach draußen vor meine Zelle. Im Wat war es dunkel, mit Ausnahme des Kerzenscheins von der Viharn und des silbrigen Glanzes des fast vollen Mondes – am ersten Tag der Regenzeit würde Vollmond sein. Das fahle Mondlicht berührte die Glasfassade der Viharn und verwandelte sie in ein schimmerndes Bauwerk wie aus dem Märchenland. Ich ging hinüber zur Viharn und konzentrierte mich auf das «Sehen, sehen, sehen» – es war eine Anstrengung, des Sehens einer so großen Schönheit bewußt zu werden. Ich trat ein und kniete schweigend in der Dunkelheit nahe beim Eingang. Das Licht hoher safranfarbener Kerzen, die beiderseits des riesigen Buddhabildes an der Vorderseite der Viharn brannten, fiel flackernd auf mehrere Mönche und den Abt, die gerade dabei waren, die Altäre mit safranfarbenen Tüchern und Blumen zu dekorieren.

Der Abt, der über eine Topfpflanze gebeugt dastand, drehte sich plötzlich um und rief mir auf thailändisch zu: «Kommen Sie hierher!» Im ersten Augenblick befürchtete ich, daß es Frauen an diesem Abend nicht gestattet war, die Viharn zu betreten, und daß er mir dies sagen wollte. Bevor ich aufstehen konnte, rief er mich noch einmal, wobei er mit der Hand wie zum Abschied winkte, was jedoch nach thailändischer Sitte bedeutete, daß man näher kommen soll. Als ich bei ihm war, hielt er ein langes Stück safranfarbenes Tuch in der Hand, lächelte ein wenig und sagte ruhig: «Sie sollen dieses Tuch um unseren Bodhi-Baum legen. Männer können so etwas nicht hübsch machen; Frauen machen es hübsch.» Dabei zeigte er, wie er sich die Drapierung des Tuches um den Topf dachte. Dann ließ er das Tuch auf den Boden fallen; ich sollte es aufnehmen, da ich von ihm direkt nichts übernehmen durfte.

Er stand da und sah zu, wie ich mich mit dem Tuch beschäftigte, das offenbar für den vorgesehenen Zweck zu klein war. Mit Hilfe von einigen Stücken Schnur, die von den Novizen stammten, wurde der kleine Baum schließlich mit dem Tuch dekoriert und fertiggemacht für seine Fahrt zum Berg Suthep, wohin die Bewohner des Wat eine Wallfahrt machen wollten, um die religiöse Handlung des Baumpflanzens zu vollziehen. Als ich mein Werk betrachtete, kam der Abt zu mir und sagte: «So ist es gut, es sieht hübsch aus.»

Ich trat aus dem Kerzenschein der Viharn nach draußen und setzte mich auf die Stufen. Während ich dasaß und versuchte, der besonderen Schönheit dieser Nacht bewußt zu werden, überlegte ich, ob der Abt sein Hilfeersuchen nur als Vorwand benutzt hatte. Wollte er meine Hilfe bei der Dekoration des Bodhi-Baumes, des heiligen Baumes des Buddhismus, absichtlich in Anspruch nehmen, um mich in die Vorbereitungen für die Aktivitäten der Regenzeit einzubeziehen?

Jeden Tag zogen nun niedrige Monsunwolken über die Landschaft hinweg, in grauen, Küstennebeln ähnelnden Ballungen. Wenn der Himmel sich verdunkelte, wurden die hölzernen Fensterläden eilig geschlossen, um die niederstürzenden Regengüsse fernzuhalten und, wie eine alte Thailänderin aus dem Süden mir einmal erzählt hatte, um die Phii nicht ins Haus zu lassen, die in Wolken und Nebeln umherziehen.

Diese Regentage waren mit Meditation ausgefüllt. Ich meditierte in Sitzhaltung, im Gehen und im Liegen. Bewußt aß ich, schwitzte ich und fegte ich mein Zimmer aus. Gelegentlich unterhielt ich mich mit der buckligen Frau, die mehrmals täglich ihr Gesicht gegen mein Fenster drückte, um nach mir zu sehen. Eines Morgens fragte sie mich, ob ich Ovaltine mochte, und nach einigen Minuten kam sie mit einer dampfenden Tasse zurück. Sie sagte mir, daß sie stets eine Thermosflasche mit heißem Wasser bereit habe, und wenn ich noch mehr Ovaltine haben wollte, würde sie mir gerne von ihrem Vorrat abgeben.

Mein Aufenthalt im Wat Muang Mang begann sich seinem Ende zu nähern. Der Abt kündigte mir an, daß ich

eventuell aus Zimmer Nummer vier ausziehen müßte, da diese Zelle für eine Thailänderin gebraucht wurde, die sich schon seit langer Zeit dafür angemeldet hatte. Er versicherte mir jedoch, er werde einen anderen Raum für mich ausfindig machen. Nach sorgfältiger Überlegung kam ich zu dem Ergebnis, daß es für mich besser sein würde, die intensive Meditation einzustellen. Darüber hinaus sagte mir mein innerer Rhythmus, daß es an der Zeit war abzureisen. Ich entschloß mich daher, noch einige Wochen bei langjährigen Freunden in Chiang Mai zu wohnen, so daß ich tagsüber noch weiterhin meditieren konnte, um mich dann abends bei den Mönchen zu melden, die die Meditation überwachten.
Die Anpassung an die «Welt» war nicht leicht für mich. Ich hatte Glück, so verständnisvolle Freunde zu haben, die mir das ruhigste, kühlste und größte Zimmer ihres Heims zur Verfügung stellten, wo ich meditieren konnte, so lange wie ich wollte. Sie verstanden meine Probleme und das Unbehagen, das ich empfand, wenn ich mich länger als einige Minuten unterhielt. Sie achteten darauf, mich nicht zu bitten, Reis zu essen, mich zu beeilen oder zu reden. Dabei bemühten sie sich selbst, nicht laut zu sprechen und alle lauten Geräusche fernzuhalten.

Doch die großen Schwierigkeiten der Anpassung an die «Welt» waren nach einigen Tagen überwunden. Nun stand ich vor dem Tor von Wat Muang Mang und wartete auf den Abt. Er hatte mich eingeladen, ihn an meinem letzten Tag in Chiang Mai auf seinem morgendlichen Almosengang zu begleiten. Wie anders fühlte ich mich jetzt, als ich durch das Tor in den Klosterbereich blickte! Erst einige Wochen waren vergangen, seitdem ich voller Zaudern dieses Tor passiert hatte, ohne zu wissen, wohin mich das Vipassana führen würde. Jetzt, als ich in der kühlen Feuchtigkeit eines frühen Morgens der Monsunjahreszeit wartete, begriff ich, daß ich die ersten Schritte in eine neue Welt getan hatte. Ich war überrascht, daß ich die Stärke gefunden hatte, solche Tiefen in mir selbst zu erreichen. Es war nicht leicht gewesen, doch ich wußte: Was mit mir geschehen war, könnte auch, wenn er sich bemühte, mit jedem anderen geschehen.

Als es hell wurde, zogen die Mönche schweigend und nacheinander durch das Tor, wie sie es seit Jahrhunderten getan hatten. Schließlich sah ich auch den Abt kommen. Seine Gewänder waren nach oben um die Schultern herumgezogen, so daß nur seine Füße und sein Kopf zu sehen waren. Wie ein Tänzer in langsamer Bewegung schien er durch das Tor auf mich zuzuschweben. Er blickte mich nicht an und sprach auch kein Wort. Dieser fließende Gang der Mönche ist das Ergebnis einer besonderen Schritttechnik, wobei jeder Fuß bewußt vor den anderen gesetzt wird – eine schön wirkende Gehweise.

Er schritt auf einen Fußweg, und ich folgte einige Meter hinter ihm. Kein Geräusch war zu hören, als er barfüßig den feuchten Pfaden entlangging, doch die Frommen schienen sein Kommen zu erwarten. Als er sich den Haustüren näherte, kamen Männer, Frauen und Kinder, manchmal ganze Familien, mit Essen, Blumen und Räucherwerk heraus, um den verehrten Mann zu beschenken.

Als ich dem Abt auf seinem Almosengang folgte, erinnerte ich mich daran, daß er, der Sohn einer Bauernfamilie, schon als Zwölfjähriger die Safrangewänder angezogen hatte. Später hatte er in Burma mehrere Jahre lang Meditation studiert. Im Grunde genommen hatte er sein ganzes Leben der Meditation gewidmet, in diesem kleinen Wat, der außerhalb der alten Mauern von Chiang Mai lag, und

den Menschen, die in diesen Wat kamen, um die Lehren Buddhas zu erfahren und um seinen Rat zu erbitten.
Während wir die schmalen Fußwege entlangwanderten, durchschnitten von Osten her Sonnenstrahlen die schwere Wolkendecke. Sie trafen auf die überall vorhandene Nässe und verwandelten das dumpfe Grau zu schimmernden Funken. Gleichzeitig schienen sich durch die Sonnenwärme Blütendüfte zu entwickeln, die den Tau der Wege mit Wohlgerüchen erfüllten.
Als ich den Spuren meines Lehrers folgte, dachte ich über die Schwierigkeiten nach, die ich zu überwinden hatte, als ich zum erstenmal die intensive Meditation einstellte. Ich fühlte mich schwach, alle meine Bewegungen waren äußerst langsam, und die Stimmen erschienen mir zu laut. Die Welt war erfüllt mit nichtigen und wertlosen Handlungen, Gesten und Worten. Ich hatte nicht mit Ärger oder Abscheu reagiert, doch mit dem lebhaften Wunsch, zur Friedlichkeit des Wat und zur Stille der Meditation zurückzukehren.
Ich erinnerte mich auch an die weise Antwort des Abtes, als ich ihm vor einigen Wochen berichtet hatte, daß ich von dem Wunsch erfüllt sei, in dem Frieden und der Stille des Wat zu bleiben: «Manche Menschen müssen Mönche und Meditationslehrer bleiben, doch die meisten Menschen müssen nach Hause zurückkehren, um für ihre Kinder und Eltern zu sorgen, um nach dem, was sie beim Vipassana gelernt haben, zu leben, um in ihrer Lebensweise die Lehren Buddhas zu befolgen.» Ich begann jetzt, den Rat des Abtes zu begreifen.
Der Abt beendete seinen Almosengang, und ich folgte ihm. Als wir uns dem Wat näherten, hatte ich das subtile Gefühl einer großen Freude. Plötzlich erkannte ich, wie glücklich ich war, eine Gelegenheit wahrgenommen zu

haben, Buddhismus und Meditation im klassischen Sinne zu studieren, in einer traditionsreichen Umgebung und bei diesem warmherzigen, gefühlvollen Mann.

Als wir durch das Tor gingen, drehte er sich zu mir um und lud mich ein, sein Morgenmahl mit ihm zu teilen. Meine Dolmetscherin kam hinzu, und zusammen gingen wir zu dem Gemeinschafts-Speiseraum, der gelegentlich von Mönchen und Novizen benutzt wurde. In den letzten gemeinsamen Minuten wollten wir die Almosen verzehren, die uns die Frommen vom Wat Muang Mang gespendet hatten. Ich war mir vollauf dessen bewußt, daß ich in einigen Stunden in ein Flugzeug steigen würde, das mich in die Vereinigten Staaten zurückbringen sollte. Dieses letzte Zusammenkommen berührte mich, doch ich spürte, daß nur ich diese Empfindung hatte. Vielleicht hätten sich andere damit getröstet, daß es in einem anderen Leben ein Wiedersehen geben würde, doch es liegt nicht in der buddhistischen Tradition, sehnsüchtige Wünsche zu hegen. Um nostalgische Gefühle zu vertreiben, konzentrierte ich meine Gedanken auf die Gegenwart. Ich dachte an den Abt, die jungen Mönche, Novizen und Tempeldiener, die in den Speiseraum gekommen waren, und ich dachte an das Ergreifende des Augenblicks – daß ich, eine fremde Frau, zusammen mit diesen Menschen auf dem Fußboden saß, um ein Gemeinschaftsmahl einzunehmen, das andere gespendet hatten, die sich Verdienste erwarben, indem sie jenen Nahrung gaben, die Buddhismus und Meditation studieren wollten.

Da meine Dolmetscherin und ich Frauen waren, saßen wir an der Seite, doch im gleichen Raum. Als sich alle um niedrige Tische herum versammelt hatten, sangen die Mönche ein kurzes Pali-Lied; dann fing jeder an, schweigend und bewußt zu essen, wie es die Sitte war. Aus der angrenzenden Küche servierte uns die Mae-chee aus Zimmer Nummer zwei den gleichen heißen Reisbrei, den ich jeden Morgen während meines Aufenthalts im Wat gegessen hatte.

Die Mönche und Novizen aßen direkt aus ihren Almosenschüsseln, während den Tempeldienern das Essen in der Küche zubereitet wurde. Der Tisch des Abtes war beladen mit den Früchten seines Almosengangs dieses Morgens sowie mit weiteren Gaben. Dazu gehörten Blumen, Orangen, Bananen, Eier, Kondensmilch, Reis und Gewürze, die die Frommen für ihn in den Wat gebracht hatten.

Während wir zwei Frauen aßen und gelegentlich miteinander flüsterten, bemerkte ich, daß der Abt uns beobachtete. Irgend etwas veranlaßte ihn, uns durch eine Mae-chee zwei Orangen und zwei hartgekochte Eier hinüberzuschicken. Ich war an diesem Morgen ohnehin hungrig, aber ich wollte auch wieder zunehmen, da ich während der intensiven Meditation zwölf Pfund an Gewicht verloren hatte. Ich weiß nicht, ob der Abt dies ahnte, denn bald darauf ließ er eine weitere Gabe bringen – ein großes Glas Kondensmilch für mich. Ich bemühte mich, diese dicke, süße Milch, die Thais so gern mögen, zu trinken, aber es war unmöglich. Schließlich überredete ich meine Nachbarin, das Glas auszutrinken.

Unvermittelt wurde das Mahl mit einem weiteren Pali-Gesang beendet. Meine Dolmetscherin, die ein weißes Schwesternkleid trug, verabschiedete sich herzlich, wobei sie mich ermahnte, auch weiterhin aufgeschlossen zu bleiben. Der Abt blieb sitzen, bis sie weggegangen war. Als ich zu ihm hinblickte, nickte er ein wenig in meine Richtung und stand dann auf, um zu gehen. Ich reagierte, indem ich auf die Knie fiel und mich in tiefem Respekt vor ihm, meinem Lehrer, verneigte.

Plötzlich war ich allein. Der Abt war schon gegangen, und die anderen Männer in Safrangewändern verließen langsam den Speiseraum. Ich ging durch das Klostergelände und blieb am Tor stehen, um zurückzuschauen. Im Wat war niemand zu sehen, außer der buckligen Frau, die gerade wieder Betelnußsaft ausspuckte, einem Novizen, der seine Safrangewänder wusch, und dem Dutzend Tempelhunden, die in der Sonne auf den Stufen der Viharn lagen.

Später, als ich im Hause meiner Freunde meine Sachen packte, überlegte ich, weshalb mir der Abschied von diesem Wat und von der Meditation so schwer fiel. Es hatte Frustrationen, Ängste und Unbehagen gegeben, doch ich hatte eine sanfte Harmonie von Körper und Geist erfahren, und diese hatte sich so gesteigert, daß ich bewußt zu einer Beherrschung von Körper und Geist gelangen konnte. Ich wollte nichts hiervon verlieren.

Dieses gelassene Gefühl, das weiter fortdauerte, nachdem ich die intensive Meditation aufgegeben hatte, war teilweise auf meine neuerworbene Fähigkeit zurückzuführen, der Gegenwart über längere Zeitspannen hinweg bewußt zu werden – was dazu führte, daß ich in die Lage versetzt wurde, den weltlichen Aufgaben des Lebens aufgeschlossen gegenüberzutreten.

In den zurückliegenden Monaten hatten meine Bemühungen, die Aufgeschlossenheit zu begreifen, zu einem ständigen Unbehagen geführt. Ich hatte mir immer vorgestellt, daß ich eines Tages das Wesen der Aufgeschlossenheit erfassen würde, die ich als eine Art verstandesmäßige Größe auffaßte. Aber so kam es nicht. Die Erkenntnis der Aufgeschlossenheit war subtil, unkompliziert und sehr bedeutungsvoll.

Ich entdeckte, daß ein Aspekt der Aufgeschlossenheit gegenüber der Gegenwart das Sehen und Erkennen weltlicher Dinge war. Eine solche Entdeckung war zum Beispiel das erstmalige bewußte Sehen einer Orange. Ich sah den safranfarbenen Glanz einer Orangenscheibe, die von feinsten Fäden durchzogen war und auf der drei feuchte, durchscheinende Saftblasen hingen. Die Aufgeschlossenheit verwandelte diese ungeometrische Fruchtscheibe, die ich in meinen Fingern hielt, in eine vollendete Kunstschöpfung, die für sich allein existierte.

Die Erkenntnis von Alltäglichkeiten, zum Beispiel des Essens, führte zur Entdeckung einer weiteren Art der Aufgeschlossenheit. Das Essen wurde zu einem Kauen, Mahlen, Schieben – zu einer langsamen Bewegung, die nicht allein das Essen, sondern einen Vorgang erfaßt, der minuziös, systematisch und kontrolliert ist. Wie anders ist doch das Essen in der bewußten Art gegenüber dem Essen beim Sprechen, Lesen oder Tagträumen – so wie ich gewohnt war, die Nahrung einzunehmen. Wenn man sich des Eßvorgangs bewußt wird, dann ist das Essen nicht mehr eine Handlung, die sich fast außerhalb der Erkenntnis abspielt. Es wird zu einer bewußten Handlung, die das wissende Begreifen einer Tätigkeit in sich trägt. Mir kam häufig der Gedanke, daß die Meditation auch für die Einhaltung einer Diät nützlich sein könnte, denn das Bewußtwerden des Eßvorgangs scheint die Konzentration auf die eigentliche Nahrung abzuschwächen, denn man achtet dann mehr auf die Funktionen des Essens.

In einigen Tagen würde ich zu meinem Mann in Connecticut zurückkehren. Wie würde ich ihm wohl erklären können, daß manche der großen Geheimnisse der Meditation offenbar so einfach und alltäglich waren. Dabei wußte ich, daß sie in Wirklichkeit nicht einfach waren, denn es hatte mich einen monatelangen Kampf gekostet, diese Nuancen des Bewußtwerdens, des Aufgeschlossenseins zu begreifen, zu erkennen, zu sehen und zu fühlen.

Ich beendete das Packen, meditierte und machte dann einen besinnlichen Spaziergang im Garten meiner Freunde. Die Sonne, für einige Zeit frei von Monsunwolken, ruhte träge auf der Spitze des Berges Suthep. Ich blieb stehen. Als ich den langsamen Untergang dieser tropischen Sonne, die ich bald nicht mehr sehen würde, beobachtete, wurde mir bewußt, daß ich in einer sehr dramatischen und ungewöhnlichen Weise Zeugin dieses Sonnenuntergangs wurde.

Während ich hinsah, war es nicht mehr der schöne Sonnenuntergang, den ich festhalten und bewundern wollte; es war mehr als das. Der Sonnenuntergang floß durch mich hindurch. Ich schien eine absorbierende Eigenschaft zu besitzen. Der Sonnenuntergang berührte mich und bewegte sich durch mich hindurch. Ich widersetzte mich nicht mehr und sehnte mich nicht mehr nach seiner Schönheit. Der Sonnenuntergang war Licht, Wind, Bewegung und Raum. Ich betrachtete ihn, ohne eine Bindung an ihn zu empfinden.

Mein Bewußtsein war still und gelassen, während ich unbewegt unter den letzten noch verharrenden Strahlen des Sonnenlichts stand und zuließ, daß sie ohne meine Einwirkung existierten. Einen schnell vergehenden Augenblick lang verstand ich, wie man gleichzeitig der Gegenwart bewußt und losgelöst sein konnte.

Später an diesem Abend schrieb ich in mein Notizbuch:

Heute abend sah ich meinen ersten Sonnenuntergang. Ich sah ihn, ohne ihn zu bewundern, ohne ihn zu lieben oder zu hoffen, daß seine Schönheit nie vergehen möge. Der heutige Sonnenuntergang existierte ohne mich. Einen Augenblick lang existierte ich in einer Welt ohne Subjekt und Objekt; ich sah ohne Bindung.

Ist dies der Gleichmut, den meine Lehrer immer betont haben? Ist hiermit die Fähigkeit gemeint, Freundlichkeit und Mitgefühl ohne Emotion zeigen zu können – ohne Bindung? Ist dies jener Gleichmut, der als erstrebtes Ziel der Buddhisten gilt?
Wie schwierig muß es sein, etwas von diesem Gleichmut beizubehalten in einer Welt voller Ängste, Frustrationen, Grausamkeiten, Krankheiten und Kriege!
Connecticut ist so weit von hier – weit weg von diesem ruhigen Lande der Wats, Mönche und Meditation. Werde ich in Connecticut einen solchen Sonnenuntergang erleben, wie ich ihn heute abend hier kennengelernt habe?

KAPITEL 10

«Wenn man anderen folgt und Bücherweisheit erwirbt,
bleibt man in Ketten. Es ist viel besser, die großen Fragen zu vergessen
und zu einem ruhigen Ort zu gehen, um dort zu meditieren.
Aber das erfordert Arbeit!»
Paul Wienpahl, in: The Matter of Zen

Mehr als ein Jahr ist vergangen, seitdem ich das Land der Safrangewänder, der strahlenden Tempel und der tropischen Sonnenuntergänge verlassen habe. Ich habe weiterhin meditiert Tagebuch geführt. Meine Befürchtungen, ich könne das, was ich in der Meditation gemeistert hatte, wieder verlieren, waren unbegründet. Ich war in der Lage, nicht nur die Fähigkeit zu meditieren beizubehalten, sondern auch die Befähigung, Frieden und Gelassenheit durch die Meditation zu erfahren. Es gab Zeiten, wo ich das Bedürfnis hatte, jeden Tag zu meditieren, aber auch solche Zeiten, wo eine Harmonie zwischen Körper und Geist vorhanden war und dadurch die Meditation, wenigstens für den Augenblick, unnötig erscheinen ließ.
In diesen vergangenen Monaten habe ich in Connecticut Sonnenaufgänge, Sonnenuntergänge und andere Naturerscheinungen in fließender Aufgeschlossenheit erlebt; ich reiste in Gedanken zu Orten, die an Coleridges phantastische, «für den Menschen unermeßliche Höhlen» erinnerten, an seinen «sonnigen Freudendom mit Höhlen von

Eis»; ich besuchte Orte und Räume, wo keine Form, keine Farbe, keine Gestalt existierte, die mich dazu nötigte, in vielfältiger Weise zu denken. Ich habe weiterhin ein besseres Verständnis und eine erhöhte Aufgeschlossenheit für meine körperlichen und geistigen Tätigkeiten, wodurch es mir möglich ist, ohne ständiges Ankämpfen gegen die Kräfte anderer Leute oder widriger Umstände zu existieren. Mein Bewußtsein hat sanftere Eigenschaften angenommen und läßt es zu, daß die Dinge durch mich hindurchfließen – so wie der tropische Sonnenuntergang an meinem letzten Abend in Chiang Mai durch mich hindurchgeflossen war. Dadurch erscheint mein Denkvermögen erleichtert und eher imstande, komplizierte Zusammenhänge zu erfassen.

In den vergangenen Monaten hat es aber auch schwierige Zeiten gegeben. Es gab Zeiten, in denen mein Bewußtsein so ruhelos erschien, wie ich es in meinen ersten Tagen im Wat Bovornives erlebt hatte. Aber wie alles andere entstanden diese Frustrationen, um bald danach wieder zu verschwinden.

Dies waren solche Zeiten, in denen die von Menschen und Regierungen begangenen Grausamkeiten qualvolle Empfindungen in mir hervorriefen – und mehr als das. Mir wurde dann bewußt, daß sich meine Muskeln anspannten und mein Blut so in Wallung geriet, daß mein Körper eine Abwehrhaltung einnahm – und ich in viele Teile zerfiel. Die Harmonie von Körper und Geist ist gespalten, und das ist das Leid, wie ich allmählich begriffen habe. Alle Menschen in allen Gemeinwesen leiden unter persönlichen Ärgernissen und Widerwärtigkeiten – eine offensichtlich unglückliche Nebenerscheinung des sozialen Lebens.

In meinem Falle habe ich festgestellt, daß diese Ärgernisse meine Gedanken, meine Gefühle, meine Ganzheit verwir-

ren, die durch Meditation und Aufgeschlossenheit wieder zusammengefügt werden können.
Als ich eines Tages Eintragungen in mein Tagebuch machen wollte, blätterte ich zuerst die Seiten durch, und zu meiner Überraschung stellte ich fest, daß sich viele Eintragungen mit den Fragen von Bekannten befaßten, die aus vielerlei Gründen der Meditation und ihrem potentiellen Wert skeptisch gegenüberstanden. Die gleichen Fragen scheinen immer wiederzukehren:
«Wie kann ich meditieren? Ich kann doch nicht nach Asien reisen und bei buddhistischen Mönchen lernen. Ich habe keine Zeit dafür und wüßte nicht, wer mein Lehrer sein könnte. Ich verstehe nicht, welchen Wert diese Art von Meditation haben sollte in unserer technologischen, mobilen Gesellschaft, wo alles auf Erfolg ausgerichtet ist. Warum sollte ich mein Ich verleugnen und ein ‹Nichts› werden? Ich muß mir meinen Lebensunterhalt verdienen und kann nicht herumsitzen und meinen Nabel betrachten! In sich selbst hineinzuschauen, scheint eine irrationale und unsachliche Übung zu sein.»
Allen, die solche Fragen stellen (ehrlich gesagt, ich habe anfangs auch so gefragt), antworte ich, daß die Meditation der Theravada-Buddhisten keine körperliche Reise erfordert, sondern daß sie eine innere Erforschung ist, die auch in einer Gefängniszelle stattfinden kann, in einem Büro, in einer Raumkapsel, auf einem anderen Planeten, sogar im eigenen Heim, das so weit von Asien entfernt liegen kann wie die Hügel von Connecticut.
Nachdem ich in mein Heim in Connecticut zurückgekehrt war, richtete ich mir einen Alkoven in meinem Wohnzimmer ein, wo ich meditieren konnte. Jeden Nachmittag zwischen vier und fünf Uhr saß ich in diesem Alkoven vor einem Gemälde des buddhistischen Lebensra-

des in roten, safrangelben und smaragdgrünen Temperafarben und hatte einige Räucherkerzen entzündet, die nach Jasmin dufteten.
Die Vorbereitung auf die Meditation scheint bedeutungsvoll zu sein. Vor der Meditation nehme ich häufig ein Duschbad oder lese einige Passagen aus einem Buch über den Buddhismus oder einfach über asiatische Geschichte. Während der Meditation wird mir oft deutlich bewußt, daß ich enge Kleidung trage, weshalb ich häufig nackt im Bademantel dasitze.
Ich bin schon lange nicht mehr neugierig zu wissen, wie lange die Meditation andauert, doch ich schätze, daß meine Meditation einen Zeitraum von fünfzehn Minuten bis zu einer Stunde umfaßt, manchmal auch noch länger dauert. Es gibt Zeiten, wo mir die Meditation leichtfällt. Zu anderen Zeiten muß ich mich jedoch anstrengen, allein schon bei der Konzentration auf das bewußte Atmen. Niemals erzwinge ich die Meditation, und ich versuche auch nicht, eine bestimmte Zeitdauer stillzusitzen. Ich werde selbst ein Teil des Erlebnisses, versuche, mein unruhiges Bewußtsein auf die Atmung hinzulenken, und bemühe mich, mich nicht verwirren zu lassen, wenn die Meditation zu undisziplinierten Stadien zurückkehrt, wie in meinen ersten Tagen im Wat Bovornives. Wie alles andere vergeht auch diese Widerspenstigkeit des Bewußtseins, das sich dagegen wehrt, beruhigt zu werden. Nach einem unbefriedigenden Erlebnis mache ich oft die Erfahrung, daß meine Meditation tief, sanft und recht erfrischend verläuft, wenn ich am nächsten Tag erneut meditiere.
Es erscheint mir neuerdings unwichtig, an einem bestimmten Ort zu meditieren. Ich habe jetzt auch das Bedürfnis, an anderen Stellen meines Hauses zu meditieren. Zurzeit finde ich, daß eine Ecke in meinem Schlafzimmer beson-

ders anziehend für mein Gemüt ist. Ich meditiere also dort und lasse den Gedanken fallen, ein bestimmter «Ort» sei zur Meditation erforderlich.

Dieses Bedürfnis, zu meditieren, sich innerlich zu erneuern, gelassen zu werden, kann zu jeder Zeit und an jedem Ort eintreten. Im letzten Herbst zog mich die Schönheit einer Mondnacht auf seltsame Weise an; ich hatte das Bedürfnis, dieser Nacht und ihrer Schönheit teilhaftig zu werden. Nachdem ich meine Küchenarbeit beendet hatte, ging ich nach draußen, um mit meinem kleinen Hund in den Wäldern spazierenzugehen. Die machtvolle Schönheit der Nacht rührte meine Seele auf. Der große silberhelle Mond erleuchtete die Konturen von dunklen Fichten, deren Schatten auf die Räume zwischen Erde und Himmel fielen. Während der Hund gehorsam und ruhig neben mir herlief, erschienen unsere schattenhaften Gestalten wie Daguerrotypien aus vergangenen Zeiten. Fast ohne Anlaß, mit Ausnahme der unglaublich sanften Schönheit dieser Nacht, fühlte ich das Bedürfnis zu meditieren. Ich setzte mich auf das Gras nieder, und mein kleiner Hund saß neben mir.

Eine Zeitlang saß ich schweigend da, um die Vielfalt der Schattenbilder zu genießen, die das Mondlicht schuf, als es auf Bäume, Felsen und Gräser fiel.

Der Einstieg in die Meditation war leicht und natürlich; er zog mich in eine Stille des Nichtdenkens und der Zeitlosigkeit. Als die Meditation zu Ende ging, öffnete ich langsam die Augen. Mein kleiner Hund saß direkt vor mir und beobachtete mich mit aufgestellten Ohren. Der Mond schien nicht mehr zwischen den Fichten hindurch; er war weitergewandert, und die Kontraste zwischen den Schatten und dem helleren Himmel waren geringer geworden. Ich sah, daß mich eine starke Schicht des schimmernden

Taus bedeckte. Wie lange ich meditiert hatte, wußte ich nicht, aber es war auch unwichtig. Ich blieb auf dem taubedeckten Gras sitzen, während ein Gefühl der Naturverbundenheit mich durchdrang. Der Mond, die Schatten, der Tau, mein Hund und ich selbst wurden eine Einheit in der Stille dieser Mondnacht. Ich hatte ein allumfassendes Gefühl der Losgelöstheit, einer Losgelöstheit, die aus dem Erkennen der Welt durch mich selbst herrührte. Ich war eins mit dem Fluß des Universums. Ich war nicht ausgestoßen, denn ich hatte jetzt einen Mondaufgang kennengelernt, so wie ich meinen ersten Sonnenuntergang in den Bergen Nordthailands erlebt hatte.

Sicherlich ist es wünschenswert, eine Routine bei der Meditation einzuhalten, doch man muß vorbereitet sein, einem inneren Bedürfnis, einem Rhythmus zu folgen. Das natürliche Bedürfnis zu meditieren kann nämlich außergewöhnliche Erlebnisse nach sich ziehen.

Im zurückliegenden Jahr gab es Zeiten, in denen ich den verzehrenden Wunsch spürte, bei einem Meditationslehrer zu sein. Sechs Monate nach meiner Rückkehr aus Thailand fühlte ich dieses Bedürfnis besonders stark. Ich hatte angenommen, daß es in westlichen Ländern überhaupt keine Lehrer der Theravada-Tradition geben würde. Doch zu meiner Überraschung erfuhr ich schon bald, daß man sich für zehn Tage in ein Heim im Raum von Baltimore-Washington zur Meditation zurückziehen konnte. In diesem abgelegenen Heim leitete ein Thailänder, ein früherer Mönch, den Kursus, an dem ich teilnahm. Der Kursus sah vor, daß täglich mindestens sechs Stunden in der Gruppe meditiert wurde. Hinzu kam die gleiche Stundenzahl individueller Meditation. In dieser Umgebung, wo ich keine Verpflichtung außer der Meditation hatte, fand ich Gelegenheit, zum Zustand der Harmonie und

Gelassenheit zurückzukehren, den ich in der intensiven Meditation im Wat Muang Mang kennengelernt hatte. Es war eine Erneuerung der Urquelle, eine Rückkehr zum Wesen der Harmonie, eine Verjüngung, die ich in meine Alltagswelt mitbringen konnte. Mein Zustand der erhöhten Aufgeschlossenheit ließ nicht nach, als ich zu den Ablenkungen des Lebens zurückkehrte, denn dieser Zustand braucht nicht schnell zu verschwinden. Ich nahm mir vor, nach diesem Kursus in intensiver Meditation öfter die Meditation zu praktizieren, um diesen Zustand der Aufgeschlossenheit beizubehalten. So tat ich es auch, und mein Versuch verlief recht erfolgreich.

Wir hier im Westen kümmern uns zu sehr darum, ob wir auch einen «Guru» haben, bevor wir mit der Meditation beginnen. Ich bin zu der Auffassung gelangt, daß viel Wahrheit in dem Satz steckt, den fortgeschrittene Meditierende häufig gebrauchen: «Ein Lehrer ist da, wenn der Schüler bereit ist.»

Zu meiner Überraschung stelle ich fest, daß immer mehr Meditationszentren und Lehrer im Westen zur Verfügung stehen. Man sollte sich nicht davon abhalten lassen, mit der Meditation zu beginnen, denn die Entschuldigung, es gebe keine Lehrer, gilt nicht. Ich glaube, daß es für einen durchschnittlichen Menschen riskant und vermutlich unmöglich ist, die intensive Meditation ohne einen Lehrer zu beginnen, doch andererseits meine ich, daß man die Anfänge der Konzentration erlernen kann, indem man nur seinen eigenen Atem beobachtet. Bis man bereit ist, die intensive Meditation zu beginnen, wie ich sie in Asien kennengelernt habe, bleibt aber noch viel zu tun.

Wenn Sie mich fragen, wie man mit dem Meditieren beginnt, dann antworte ich, daß zunächst Ihre Einstellung sehr wichtig ist. Sie müssen gewillt sein, jeden Tag mit sanfter Beharrlichkeit damit fortzufahren und zu verstehen, daß es lange dauert, wahre Meditation zu entwickeln. Der Beginn der Meditation hat nichts Esoterisches an sich. Es ist so, als ob man das Lesen erlernt. Zunächst muß man das Alphabet lernen. Bevor man tiefer und tiefer in die Meditation hineingeht, muß man zunächst lernen, das Bewußtsein zu konzentrieren. Dies ist eine der schwierigsten Aufgaben, die ein menschliches Wesen auf sich nehmen kann. Um zu verstehen, wie schwierig sie ist, bitte ich Sie, jetzt, in diesem Augenblick, folgendes zu tun: Schließen Sie die Augen und beginnen Sie, zehnmal ein- und auszuatmen. Konzentrieren Sie dabei Ihre Aufmerksamkeit auf jeden Atemzug, wenn er eingesaugt und wenn er dann ausgestoßen wird. Zählen Sie jeden Atemzug, wenn sie mögen: «Eins – ein; eins – aus. Zwei – ein; zwei – aus», oder sagen Sie «einatmen – ausatmen».

Wie viele Male ist Ihr Bewußtsein abgesprungen und hat es sich auf etwas anderes fixiert als auf den eingesaugten und ausgestoßenen Atem? Nach meinen Erfahrungen hat es wenigstens ein Dutzend Gedanken von sehr verschiedenartiger Natur berührt. Dies ist das Anfangsstadium, aus dem die Erlernung der Konzentration sich entwickelt. Man muß immer weiter üben, bis das Zählen von zehn Atemzügen ohne besondere Ablenkung bewerkstelligt werden kann. Die Beobachtung der eigenen Atmung ist nichts Ungewöhnliches, denn sie ist schließlich eine lebendige Kraft; es ist aber auch nicht ungewöhnlich, wenn die Beobachtung der Atmung anfangs Schwierigkeiten macht.

Die Vorstellung des «Müssens» schreckt die meisten Leute ab. Manche Meditationsschulen schreiben ihren Schülern vor, zweimal täglich jeweils zwanzig Minuten lang zu meditieren. In den Anfangsstadien kann diese Zeitspanne übermäßig lang sein und das Gefühl hervorrufen, daß man es nicht schafft. Zwanzig Minuten der Konzentration scheinen zunächst eine unmögliche Aufgabe zu sein; viele Leute fühlen sich durch den Aspekt des Müssens abgestoßen und geben schließlich ihre Bemühungen auf. Ich glaube, daß es ausreicht, wenn man in den Anfangsstadien versucht, täglich fünf bis zehn Minuten lang ernsthaft zu meditieren. Aber täuschen Sie sich nicht! Man muß sich Zeit lassen. Wenn die Konzentration schärfer wird, dehnt sich die in der Meditation zugebrachte Zeit von selbst aus. Mit der Zeit werden Sie die angenehme Entdeckung machen, daß die Meditation nicht nur eine natürliche geistige Funktion, sondern daß sie auch ein positiver Konzentrationsprozeß ist.

Es gibt keine bestimmte Stellung, die man in der Meditation einnehmen soll, doch man muß es sich bequem machen. Sie können auf einem Stuhl mit gerader Rückenlehne sitzen oder Ihre Beine in Lotos- oder Halb-Lotosstellung kreuzen oder auf japanische Art sitzen – auf den Knien mit einem Kissen zwischen Gesäß und Fersen. Sie müssen eine feste Stütze haben, und der Rücken darf nicht krumm sein. Entspannen Sie Ihren Bauch. Achten Sie darauf, wie der Atem Ihre Nasenlöcher berührt, oder konzentrieren Sie sich auf das Heben und Senken Ihres Zwerchfells. Tragen sie ein loses Gewand oder auch gar nichts, wenn die Temperatur es zuläßt. Senken Sie den Kopf ein wenig nach unten, wobei Sie nicht ganz geradeaus blicken und die Augenlider geschlossen halten. Nichts sollte Ihren Bauch oder einen anderen Körperteil einengen. Achten Sie darauf, daß der Körper eine bequeme Haltung einnimmt, wobei der Rücken gerade sein muß. Beginnen Sie nun, auf den Atem zu achten. Lassen Sie sich nicht entmutigen. Wenn Ihr Bewußtsein umherschweift, bringen Sie es sanft zur Beobachtung Ihrer Atmung zurück. Meditation bedeutet nicht, daß man das Bewußtsein in Tagträumen abschweifen läßt. Sie ist genau das Gegenteil – eine Art Selbstdisziplin. Ein Ziel der Meditation ist es, die Beherrschung des Bewußtseins zu erlernen, um die Ausrichtung des Geistes auf einen Punkt zu entwickeln.

Aufgeschlossenheit kann man üben, wenn man geht, wenn man mit der Bahn zur Arbeit fährt oder wenn man Routinearbeiten verrichtet, wie Laubfegen, Geschirrspülen oder Fußbodenwischen. Man kann den Atem jederzeit beobachten und durch ein ständiges Training des Bewußtseins die Konzentrationsfähigkeit aufrechterhalten.

Im täglichen Leben kann die Aufgeschlossenheit nützlich sein, um Gefühlen wie Eifersucht, Zorn und Furcht zu begegnen. Einmal war ich in der Lage, durch Aufgeschlossenheit meine Furcht zu überwinden. Obwohl ich selbst eine Pilotin mit einiger Erfahrung bin, überwältigt mich manchmal beim Fliegen eine gewisse Angst. Eines Tages, bald nach dem Abschluß meines Meditationkurses in Washington, saß ich zusammen mit meinem Mann im Vordersitz einer einmotorigen Maschine. Mein Mann, ein erfahrener Pilot, steuerte das Flugzeug. Als wir uns dem Stadtgebiet von New York näherten, gerieten wir in ein Gewitter. In unserem Empfänger kreischten die Stimmen; offenbar wollten sich Hunderte von Piloten gleichzeitig mit den Kontrolltürmen in Verbindung setzen.

Unser leichtes Flugzeug wurde von den starken Gewitterböen erfaßt. Es bockte und schlingerte, stürzte und stieg mit alarmierender Schnelligkeit. Die Sicht war gleich Null; der Regen trommelte gegen die Kanzel. Mir wurde immer unbehaglicher, und plötzlich überfiel mich wie ein Blitz die Angst. Ich konnte sie nicht mehr unterdrücken. Meine Hände waren mit kaltem Schweiß bedeckt, mein Herz schlug mir bis zum Hals, meine Muskeln spannten sich im ganzen Körper. Am liebsten hätte ich das Flugzeug verlassen. Einige Augenblicke lang hielt mich diese Furcht gefangen. Doch dann – ich weiß nicht, warum es so kam – entschloß ich mich, auf meine Atmung zu achten, um mein Bewußtsein zu beruhigen. Ich begann, einzuatmen und auszuatmen, einzuatmen und auszuatmen. Anfänglich war meine Atmung hektisch und schnell, doch dann, als ich mich auf die Atmung fixierte, wurde sie regelmäßiger und sanfter. Ich fixierte dann meine Aufmerksamkeit auf die Furcht, die verschiedene Teile meines Körpers beeinflußte. Als ich die quälenden Empfindungen in meinem Magen aufmerksam verzeichnete und prüfte, verebbten sie ganz, ganz langsam. Dann konzentrierte ich mich auf weitere Körperteile, die von dieser Furcht erfaßt waren, und als ich sie prüfte, entspannten sich die Muskeln und die Verkrampfung löste sich. Bald danach war jene Furcht, die nur Minuten zuvor mich fast gelähmt hatte, vergangen. Ich hatte mich von der Furcht befreit..., die schließlich auch nur ein Gemütszustand war, den ich in mir selbst geschaffen hatte. Bald danach konnte ich wieder meinem Mann behilflich sein.

Zu jenen, die anfingen, sich in Meditation zu üben, soll Buddha gesagt haben: «Beginnt und bleibt dabei!» – und dies ist auch mein Ratschlag. Zu oft verbringen wir die Zeit damit, über Meditation zu lesen, und kommen nie dazu, es einmal damit zu versuchen.

Die Meditation der Theravada-Buddhisten ist eine erlernbare Disziplin, die uns helfen kann, uns auf unser eigenes Wesen zu besinnen. Die Meditation ist keineswegs ein «Nichts», wie man das Wort im abendländischen Sinne auslegen könnte, sondern eine Entwicklung, die ein größeres Verständnis für unser eigenes Wesen in sich schließt, die

uns gegenüber unserer Umgebung und den Menschen bewußter und aufgeschlossener werden läßt.
Neben vielen anderen Aspekten besitzt die Meditation nach meiner Auffassung Eigenschaften, die es ermöglichen, das Bewußtsein zu beruhigen und zu beherrschen und die im Bewußtsein enthaltene Energie zu konzentrieren. In dieser Verdichtung seiner Energie weitet sich das Bewußtsein aus und kommt in die Lage, schärfere Erkenntnisse zu realisieren. Die Folge ist, daß nach einiger Zeit Körper und Geist in Harmonie zusammenrücken, weil die Getrenntheit oder Dualität von Körper und Geist geringer wird und zeitweilig ganz verschwindet. Es scheint also, daß diese Getrenntheit von Körper und Geist die Menschen daran hindert, ihr wahres Wesen zu erkennen. Sie scheint daher die Quelle von Kampf, Unglück und Leid zu sein.
Der Prozeß der Meditation scheint ein Abschütteln der Begierden in sich zu schließen. Auch das Bedürfnis, unwichtige Besitztümer bei sich zu haben, die Forderungen des Ich zu betonen, wird abgeschüttelt, und alles Überflüssige, Laute und Ostentative wird abgelehnt. Wenn all dies entfällt, wird es mit Hilfe der Meditation möglich, etwas vom wahren Ich zu erkennen. In diesem neuen Zustand, ohne alle diese hindernden Ablenkungen, läßt sich das Bewußtsein konzentrieren und ein persönlicher Gleichmut erreichen.
Allen jenen, die sich bemühen, das Christentum und den Buddhismus zu versöhnen, möchte ich sagen, daß es nicht wichtig ist, Ähnlichkeiten und Unterschiede zu finden, nach Ungereimtheiten zu forschen oder einen missionarischen Standpunkt für eine der beiden Richtungen einzunehmen. Die buddhistische Denkweise basiert auf Auffassungen, die sich dramatisch von in anderen Kulturen vorherrschenden Glaubensregeln unterscheiden. Die Kulturen

des Westens betonen den Dualismus zwischen Mensch und Natur, zwischen Welt und Gott, zwischen dem Körperlichen und dem Geistigen. Der Buddhismus konzentriert sich auf den ganzen Menschen. Vielleicht ließe sich dies besser verstehen, wenn man bedenkt, daß es im Universum – und in uns – eine Kraft gibt, die in Unordnung geraten kann. Die Meditation ist eine Technik, die Einheit dieser Kraftquelle in uns wiederherzustellen.

Um den Buddhismus und die Meditation zu verstehen, ist es wichtig, daß man nicht mißtraut, daß man nicht zergliedert, daß man nicht zynisch ist, und vor allem, daß man der buddhistischen Gedankenwelt nicht mit einem «harten» Gemüt gegenübertritt. Die Thais sagen, man müsse ein «weiches» Gemüt haben, um zu verstehen, so daß die Dinge ungehindert durch es hindurchfließen können. Häufig sind es vorgefaßte Bezugsrahmen und Lücken in der Logik, die uns Abendländern die Erkenntnis vorenthalten. Wenn ich versuche, die Fragen wohlmeinender Menschen über den Buddhismus, und besonders über die Meditation, zu beantworten, dann stelle ich fest, daß meine Antworten oft unbefriedigend sind – häufig aus einem sehr offensichtlichen Grund: Wenn man die Meditation begreifen will, muß man sie kennenlernen.

Allen, die sagen, sie müßten mehr lesen, bevor sie die Meditation begreifen könnten, und jenen, die sagen, sie könnten den Erlebnissen, die ich persönlich in der Meditation hatte, keinen Glauben schenken, gebe ich zur Antwort, daß in mein Leben eine Ruhe, ein Verständnis, eine Harmonie eingekehrt ist, die sich als Ergebnis der Meditation entwickelt haben. Und ich erwidere auf die Fragen mit den Worten des weisen alten Abtes von Wat Bovornives, die er mir so häufig ans Herz gelegt hat: «Das eigene Ich ist das große Buch.»

PRAXIS DER MEDITATION

«Wo unermüdliches Streben seine Arme ausstreckt zur Vollendung,
Wo der Geist vorangeführt wird durch ... sich ständig
ausweitende Gedanken,
In diesem Himmel der Freiheit laßt mich erwachen...»
Rabindranath Tagore

Der Meditation der Theravada-Buddhisten wohnt eine Selbstanalyse inne – eine Bereitschaft, sich selbst zu prüfen. Die buddhistische Vorstellung des «Wachseins» ist die Erkenntnis, daß wir alle uns von unseren eigenen Leiden erretten können. Wir alle haben in uns die Fähigkeit, unsere eigene Freiheit zu gewinnen.
Das Wesen des Buddhismus ist eine Beschäftigung mit den vorerwähnten «Vier edlen Wahrheiten»: daß es in unserem Leben Unglück oder Leiden gibt, daß es eine Ursache für diese Leiden gibt (so z.B. die Bindung an das Leben, an Menschen, an Dinge), daß es einen Ausweg aus diesem Unglück gibt. Nach Meinung der Buddhisten besteht dieser Ausweg in der Befolgung eines vernünftigen Pfades, der Gedanken, Wort und Tat wandeln oder vollenden soll. Dieser Ausweg ist bekannt als «Achtfaltiger Pfad»: 1. Richtiges Verständnis – Erkenntnis dessen, was nicht richtig ist, Feststellung dessen, was falsch ist, und Ersetzung der Unkenntnis durch Kenntnis und Einsicht; 2. Richtige Entschlüsse oder Motive – die ehrliche Entscheidung, et-

was zu tun, um sich selbst zu bessern; 3. Richtige Sprache – Ausschaltung von Gerede, Klatsch, Verleumdung, Fluchen oder Lügen; 4. Richtiges Handeln – Handeln in Ehrlichkeit, Liebe, Bescheidenheit; 5. Richtige Lebensweise – Verfolgung einer Tätigkeit, die zur Entwicklung der eigenen positiven Fähigkeiten und zum besseren Verständnis der Umwelt beiträgt; 6. Richtige Bemühungen – die Entwicklung von Einsicht und Willenskraft – einer Willenskraft zur Veränderung; 7. Richtige Aufgeschlossenheit – das Lernen, ständig und deutlich des Wesens aller Gedanken, Worte und Taten bewußt zu werden; 8. Richtige Meditation oder Konzentration. Dr. Saddhatissa erklärt dies so: «Die Meditation und ihr Gegenstück im täglichen Leben – die Aufgeschlossenheit (Sati) – bilden zusammen das Wesen der Lehren Buddhas» – und die letzte Phase des Pfades, der zum Aufhören von Unglück und Leiden führt.

MAN IST NIE ZU ALT, UM DIE MEDITATION ZU BEGINNEN, ODER ZU JUNG, UM SIE ZU ERLEBEN.

Laßt uns also beginnen.

Es gibt viele Meditationspraktiken. Die nachstehende Übung, «Anapanasati» oder Aufgeschlossenheit beim Atmen, ist sehr verbreitet. Diese Methode stammt bereits aus der Zeit Buddhas.

GEMÜTSHALTUNG:

Wenn Sie von Habsucht, Zorn oder Enttäuschung besessen sind, wird es schwierig sein, Freiheit und Frieden zu finden. Liebe, Güte und Bescheidenheit müssen gepflegt werden. Die Meditation ist in Wirklichkeit ein Training des eigenen Gemüts – und Herzens.

Die Gemütshaltung ist äußerst wichtig. Öffnen Sie sich. Haben Sie ein «sanftes» oder offenes Gemüt. Haben Sie den Willen, es zu versuchen. Entspannen Sie sich.

ZEIT UND ORT:

Verschieben Sie nicht die Meditation, wenn Sie sich wirklich danach sehnen! Täuschen Sie sich nicht in den Anfangstagen, indem Sie sagen: «Ich habe keine Zeit.» Bleiben Sie dabei. Finden Sie die Zeit. Man hat immer etwas Zeit dafür.

Sehen Sie der Meditation entgegen: Am frühen Morgen oder am Abend, in der Mittagspause, auf der Fahrt zur Arbeit, vielleicht auch vor der Abendmahlzeit. Es ist natürlich wünschenswert, für die Meditation eine ruhige, entspannende Atmosphäre zu haben.

KÖRPERHALTUNG:

Man muß es sich bequem machen. Sie können auf einem Stuhl mit gerader Rückenlehne sitzen, oder Sie können die Beine in Lotos- oder Halb-Lotosstellung kreuzen, den Schneidersitz einnehmen oder in japanischer Art auf den Knien sitzen, mit einem Kissen zwischen Gesäß und Fersen. Wenn Sie auf einem Stuhl sitzen, halten Sie die Füße flach auf dem Boden und kreuzen Sie die Beine nicht. Halten Sie den Rükken gerade und den Nacken aufrecht. Die Augenlider sind geschlossen. Die Hände sind lose im Schoß gefaltet. Entspannen Sie sich, lassen Sie sich einfach gehen.

AUFGESCHLOSSENHEIT BEIM ATMEN:

So einfach – wenn Sie wissen, wie es gemacht wird. Konzentrieren Sie die Aufmerksamkeit auf die Nasenlöcher. Werden Sie deutlich des Atems bewußt, wenn er Ihre Nase durchzieht. Beobachten Sie ihn sorgfältig. Folgen Sie dem Atem. Folgen Sie ihm, wenn er in die Nasenlöcher hineingeht und wenn er herauskommt. Bleiben Sie bei der Beobachtung des Atems – wie er hineingeht und herauskommt, hineingeht und herauskommt. Halten Sie das Bewußtsein auf den Atem ausgerichtet. Versuchen Sie, das Bewußtsein auf den Atem innerhalb des Körpers auszurichten – innerhalb der Leere des Körpers.

Vielleicht schweift Ihr Bewußtsein ab. Bringen Sie das Bewußtsein sanft zurück. Bleiben Sie dann dabei, den Atem zu beobachten. Strengen Sie sich nicht an. Geben Sie sich keine allzu große Mühe. Lassen Sie sich nicht entmutigen! Seien Sie geduldig mit sich selbst. Seien Sie gut zu sich selbst. Dies ist kein Konflikt. Lassen Sie Ruhe einkehren. Friede... Friede... Friede. Lassen Sie sich gehen. Lassen Sie die friedliche Stimmung sanft die Ungeduld, die Sorge, die Frustrationen wegwischen. Fühlen Sie. Beginnen Sie, einen segensreichen inneren Frieden

zu fühlen. Genießen Sie das neue Erlebnis. Ruhig... schön. Setzen Sie das Atmen fort, bis der Atem glatt, regelmäßig und sanft fließt.
Lenken Sie jetzt das Bewußtsein auf eine Stelle – ich schlage vor, eine Stelle auf der Oberlippe. Konzentrieren Sie sich darauf. Ihr Atem wird sehr sanft und langsam werden – fast unmerklich. Sorgen Sie sich nicht. Ihnen wird nichts geschehen. Bleiben Sie dabei. Fühlen Sie das Fließen. Lassen Sie alles wegtreiben. Lassen Sie sich gehen. Nichts anderes ist jetzt von Bedeutung.
Fühlen Sie die Freiheit von Furcht, Zorn und Habgier. Fühlen Sie, wie sie verschwinden. Setzen Sie das Einatmen und Ausatmen fort. Einatmen und ausatmen. Einatmen und ausatmen.

Die obigen Anleitungen sind zusammengestellt worden, damit Sie, wenn Sie es wollen, diese Zeilen sehr, sehr langsam lesen können, und damit Sie diese mit langen Abständen zwischen den einzelnen Abschnitten auf Tonband sprechen können. Wenn Sie dann die Aufgeschlossenheit beim Atmen erlernen wollen, können Sie in den Anfangstagen das Tonband abspielen.
Das fortgeschrittene Stadium dieser Meditation nennt man Innenschau-Meditation oder Vipassana – wo Bewußtsein und Herz still sind und Erkenntnis und Weisheit erweckt werden – wo die Erkenntnis seiner selbst und seiner Fähigkeiten entwickelt werden.
Wenn Sie in der Lage sind, Ihr Bewußtsein ohne intensive Anstrengungen über eine bestimmte Zeitspanne hinweg zu beruhigen, dann verspüren Sie vielleicht den Wunsch, einen Lehrer zu finden, der Sie in weiter fortgeschrittene Stufen der Meditation hineinführt. Meditationszentren und Lehrer stehen im Westen in immer größerem Umfang zur Verfügung – in England, Deutschland, Australien, Neuseeland, Kanada, den Vereinigten Staaten und in weiteren Ländern.

GLOSSAR

Zahlreiche Begriffe in diesem Text sind Ausdrücke aus den Sprachen Pali, Sanskrit und Thai.

Abhidhamma – die philosophische Ausdeutung der buddhistischen Lehren
Acharn – Lehrer oder Meister
Achtfältiger Pfad – der Ausweg aus dem Unglück. Er enthält: 1. «Samma ditthi» oder richtiges Verständnis, 2. «Samma sankappa» oder richtige Entschlüsse oder Motive, 3. «Samma vada» oder richtige Sprache, 4. «Samma kammanta» oder richtiges Handeln, 5. «Samma ajiva» oder richtige Lebensweise, 6. «Samma vayama» oder richtige Bemühungen, 7. «Samma sati» oder richtige Aufgeschlossenheit, 8. «Samma samadhi» oder richtige Meditation oder Konzentration
Anapanasati – Aufgeschlossenheit beim Atmen, Meditationsart, die schon aus der Zeit Buddhas stammen soll
Anatta – Ichlosigkeit, Lehre, daß es kein beständiges, unwandelbares Ich gibt
Anicca – Vergänglichkeit, Unstabilität, Wandelbarkeit
Ayutthaya – Hauptstadt von Siam oder Thailand von 1350 bis 1767
Bhikkhu – Pali-Wort für buddhistischen Mönch
Bhikkhuni – ein weiblicher Bhikkhu
Bhumipol Adulyadej – König von Thailand seit 1946
Bodhi-Baum oder *Bo-Baum* (Feigenbaum) – der Baum der Erleuchtung oder Weisheit, unter dem Siddartha erleuchtet wurde
Bodhisattva – erscheint hauptsächlich in der Gedankenwelt der Mahayana-Buddhisten. Gemeint ist ein Mensch, der die Erleuchtung erreicht hat, es jedoch vorzieht, unter Menschen zu bleiben, um anderen zu helfen, die Erlösung zu erreichen
Buddha – der Erweckte oder Erleuchtete. Siddartha Gotama (oder Gautama) aus der Familie Sakya Muni. Gründer des Buddhismus
Buddhadhamma – die Lehren Buddhas
Buddhasa – berühmter älterer Mönch, Autor und Lehrer. Lebt in Thailand
Buddhismus – Philosophie, Religion und Moralkodex

Chai-yen – Thai-Wort für kühles Herz oder für Geduld
Chao Phraya – Thai-Wort, das Edler Herr bedeutet. Auch Name des Hauptflusses, der durch Thailand nach Süden in den Golf von Siam fließt
Chao Tii – der Geist des Hauses oder der Wohnung
Chedi – Bauwerk, das gewöhnlich die Asche oder die Gebeine eines verehrten Menschen enthält
Dhamma – die Lehren Buddhas, das Gesetz, der Weg, Natur oder Wirklichkeit
Dukkha – Leiden, Schmerz, Unglück, Sorge, Elend oder einfach das, was unbefriedigend ist
Farang – abendländischer Ausländer
Gautama – manchmal auch Gotama geschrieben. Siddartha Gautama wurde der Überlieferung nach im Jahre 543 v.Chr. am Tag eines Vollmondes im Garten Lumbini im heutigen Nepal geboren. Er wurde als Buddha bekannt
Guru – geistiger Ratgeber
Guti – Wohnung eines Mönchs
Hinduismus – religiöse Philosophien der Hindus
Jataka-Erzählungen – Erzählungen aus Indien über die Lebenswege Buddhas
Kamma – Pali-Wort. Ein Gesetz von Ursache und Wirkung
Karma – Sanskrit-Wort. Gleiche Bedeutung wie Kamma
Karuna – Mitgefühl
Khaow Pansa – Thai-Wort, das sich auf den dreimonatigen Klosteraufenthalt der Mönche bezieht
Klong – Kanal
Mae-chee – Thai-Wort für Nonne
Mahanikai – größte Gruppe buddhistischer Mönche in Thailand
Mahayana-Buddhismus – eine der Schulen des Buddhismus. Verbreitet in Tibet, Sikkim, China, Korea, Japan und Vietnam
Mekong – Hauptfluß in Südostasien
Metta – liebende Freundlichkeit
Mittlerer Weg – nach Buddhas Lehre der richtige Pfad der Verhaltensweise, den Menschen befolgen sollen. Ein Pfad ohne Extreme jeglicher Art – ohne übertriebenes Schwelgen oder übertriebene Askese
Mudita – Befriedigung oder Freude über den Erfolg anderer
Nibbana – endgültige Verwirklichung oder Vollendung, Freiheit von der Wiedergeburt

Nimitta – begriffliches Bild, das in der Meditation «gesehen» werden kann
Nirvana – Sanskrit-Form des Pali-Wortes Nibbana
Pali – Sprache, in der die Schriften der Theravada-Buddhisten verfaßt sind. Vermutlich die Sprache Buddhas
Panna – Weisheit
Phii – Geister oder Dämonen
Phroom – überirdisches Wesen
Preta – hungriger Geist oder Dämon
Regenzeit – die dreimonatige Periode, in der die Mönche im Wat bleiben. Bevorzugte Zeit für die Ordination zum Mönch
Sala – offene Halle oder Ruheplatz für Reisende
Samadhi – Stadium der Gelassenheit in der Meditation
Samsara – Wiederholungszyklus des Werdens – Geburt und Tod
Sangha – Buddhistische Klostergemeinschaft
Sanskrit – alte Sprache von Indien. Religiöse Texte des Hinduismus und des Buddhismus sind in Sanskrit verfaßt
Sati – Aufgeschlossenheit, Bewußtwerden
Satipatthana – vier Grundlagen der Aufgeschlossenheit, eine Meditationspraxis, die die Aufgeschlossenheit von Körper, Gefühlen und Bewußtsein betont, dessen veränderliches Wesen sowie der verschiedenen Aspekte der Lehren Buddhas
Satori – plötzliche Erleuchtung, wie sie sich in der Zen-Tradition findet
Sukkha – Glück
Tamboon – gute Werke tun, Verdienste erwerben
Tanha – Verlangen, Sehnen, Festhalten: Ursachen für die Wiedergeburt
Thailand – neuer Name von Siam
Theravada-Buddhismus – wörtlich «Der Weg der Älteren». Entspricht mehr den ursprünglichen Lehren Buddhas. Verbreitet in Burma, Kambodscha, Laos, Thailand und Sri Lanka
Upekkah – Zustand des Gleichmuts und Ausgleichs
Vier Edle Wahrheiten – die Lehren Buddhas von: 1. «Dukka» oder Leiden, 2. «Tanha» oder Festhalten, 3. «Nirodha» oder der Vorstellung, daß es einen Ausweg gibt, 4. «Magga» der Pfad oder der Ausweg – oder mit anderen Worten: 1. daß es Leiden und Unglück im Leben gibt, 2. daß dieses Unglück von unserer Habgier, unserem Verlangen, unserer Ichbezogenheit herrührt, 3. daß diese übertriebene Ichbezo-

genheit ausgeschaltet werden kann, und 4. daß dies durch Befolgen des Achtfältigen Pfades erreicht werden kann

Viharn – große Tempelhalle, wo sich die Laien versammeln und von den Mönchen unterwiesen werden

Vipassana – Innenschau-Meditation

Wat – der Tempelbereich, zu dem mehrere Gebäude, darunter auch die Viharn, gehören

Wat Bovornives – königlicher Wat in Bangkok, Thailand

Wat Muang Mang – Meditations-Wat bei Chiang Mai, Thailand